Ju-Jutsu 3

FALKEN-BUDO-BIBLIOTHEK

W. Heim/F. J. Gresch

Ju-Jutsu 3

Spezial-, Gegen- und Weiterführungs-Techniken
Stockkampfkunst

Völlig überarbeitete Auflage

FALKEN

Weitere Techniken findet der interessierte Jujutsuka in den FALKEN Büchern:
»Ju-Jutsu 1. Grundtechniken – moderne Selbstverteidigung« (160 S., Nr. 0276)
»Ju-Jutsu 2. Für Fortgeschrittene und Meister« (156 S., Nr. 0378)
»Ju-Jutsu als Wettkampf« (168 S., Nr. 0826)

CIP-Titelaufnahme der Deutschen Bibliothek

Heim, Werner:
Ju-Jutsu / W. Heim; F. J. Gresch. – Niedernhausen/Ts.: Falken-Verl.
(Falken-Bücherei : Budo-Bibliothek)
Teilw. mit Erscheinungsort Wiesbaden
NE: Gresch, Franz J.:
3. Spezial-, Gegen- und Weiterführungstechniken,
Stockkampfkunst / [Fotos: Ulrich Kröning . . .]. – Nachaufl. – 1988
ISBN 3-8068-0485-0

ISBN 3 8068 0485 0

Titelfoto: Werner Heim
Fotos: Ulrich Kröning, Franz Josef Gresch, Werner Heim
Die Ratschläge in diesem Buch sind von Autor und Verlag sorgfältig erwogen und geprüft, dennoch kann eine Garantie nicht übernommen werden. Eine Haftung des Autors bzw. des Verlages und seiner Beauftragten für Personen-, Sach- und Vermögensschäden ist ausgeschlossen.
Gesamtherstellung: Wiesbadener Graphische Betriebe GmbH, Wiesbaden

18048579X817 2635 44

Inhalt

Vorwort

JU JUTSU –
ist die Kunst des wirkungsvollsten Gebrauchs der geistigen und körperlichen Kraft –

und BUDO –
zeigt hierzu Wege und Grundsätze.

Was gut sein und Bestand haben soll, muß ständig weiter entwickelt und verbessert werden.
Nach diesem Grundsatz hat die Bundesgruppe Ju Jutsu im Deutschen Dan-Kollegium e.V. die Ausbildungs- und Prüfungsordnung Ju Jutsu überarbeitet und zum 1. Januar 1987 neu gefaßt. Der Ausbildungsstoff wurde für die Schüler-(Kyu-)Grade vermindert und für die Meister-(Dan-)Klasse nach den praktischen Erfahrungen der letzten Jahre ergänzt.
Damit bleibt Ju Jutsu dem Anspruch gerecht, modern, allumfassend und unter den Selbstverteidigungssystemen in der Bundesrepublik Deutschland absolut führend zu sein. Das beweisen die steigenden Mitgliederzahlen in der Sektion Ju Jutsu im Deutschen Judo-Bund e.V. Auch die Pflichteinführung von Ju Jutsu bei der Länder-Polizei bestätigt dies. Der Anteil der weiblichen Mitglieder liegt mit 37% an der Spitze aller anderen Budo-Sportarten.
Das vorliegende Buch über Spezialtechniken behandelt als neuen Ausbildungsstoff die Gegentechniken, Weiterführungstechniken und Stocktechniken. Die Stocktechniken eröffnen ganz neue Aspekte einer Selbstverteidigung mit »Waffen«.
In einem besonderen Kapitel stellen sich bekannte Meister, Bundes- und Landestrainer mit ihren Spezialkombinationen vor. Im Anhang stehen die Ausbildungs- und Prüfungsprogramme nach dem neuesten Stand.
Grundlage für dieses Buch sind die im gleichen Verlag erschienenen Bände 1 und 2. Dort sind alle Techniken vom 5. Kyu- bis 2. Dan-Grad ausführlich erläutert, sowie die Grundlagen der Bewegungslehre, Elemente und Prinzipien des Ju Jutsu nachzulesen. Auf diese Basis wird immer wieder Bezug genommen.
Sowohl für den Fachmann in Budo-Verein und -Schule wie auch für das Heimtraining des interessierten Laien vermittelt das Buch wertvolle, neue Anregungen und Erkenntnisse, die für die moderne, erfolgreiche Selbstverteidigung unerläßlich sind.
Allen, die bei der Gestaltung des Buches mitgewirkt und uns unterstützt haben, danken wir herzlichst.

Werner Heim, 6. Dan JJ DDK
Franz Josef Gresch, 6. Dan JJ DDK

1

Abwehr von zwei Angreifern. Der erste Angreifer umklammert von hinten über den Armen. Ein Hüftrad, als Befreiungswurf ausgeführt, löst die Umklammerung und behindert gleichzeitig den von vorn angreifenden zweiten Gegner. Ein gelungenes Beispiel für die Abwehr von zwei Angreifern (Abb. 1).

2

Der freie Kampf, hier gegen zwei Angreifer, ist eine Form des wettkampfmäßigen Übens (Abb. 2).

Zum Geleit

Prof. Dr. Klaus-Jürgen Schulze

Seit 1968 ist moderne Selbstverteidigung als eigenständige Sektion Ju Jutsu im Deutschen Judo-Bund (DJB) etabliert. Seither sind die Verantwortlichen der Sektion und der Bundesgruppe bemüht, das in langjähriger Arbeit entwickelte und aus Techniken anderer Budo-Sektionen zusammengestellte neuartige System zu vereinheitlichen, zu straffen, den jeweiligen Angriffsmethoden anzupassen und über die Grenzen des Wirkungsbereiches des DJB hinaus zu verbreiten. Hinderlich ist dabei der Mangel an entsprechender Fachliteratur, unter dem alle neuen Ideen und Arbeitsgebiete zu leiden haben.

Die Sportkameraden Werner Heim und Franz Josef Gresch, die maßgeblich an der Entwicklung des Ju Jutsu beteiligt waren, haben es bereits 1971 unternommen, einen Leitfaden »Ju Jutsu, waffenlose Selbstverteidigung« für Anfänger bis einschließlich 3. Kyu-Grad in sehr ausführlicher und übersichtlicher Form zu erstellen, der inzwischen weite Verbreitung gefunden hat. Der Erfolg dieses Buches spricht für sich.

Das rasche Wachsen der Sektion und das steigende Interesse an dieser Form der modernen Selbstverteidigung bei Vereinen, Schulen, Hochschulen, den Ordnungsorganen und der Bundeswehr ließen es wünschenswert erscheinen, auch dem Fortgeschrittenen ein Lehrbuch in die Hand zu geben, das gleichermaßen für den Lernenden zum Selbststudium wie für den Trainer als Lehrhilfe geeignet sein sollte.

Diese Forderung wurde durch das zweite Buch der gleichen Autoren, »Ju Jutsu für Fortgeschrittene und Meister« erfüllt. Das Buch beschreibt die Techniken bis einschließlich 2. Dan-Grad. Der Lehrstoff ist übersichtlich gegliedert und wird pädagogisch geschickt vermittelt.

Die nach dem Vielfältigkeitsprinzip in Kombinationen aufgezeigten Beispiele bieten jeder Mentalität eine Fülle von Möglichkeiten, wodurch über die bloße Vermittlung von Techniken hinaus zum Nachdenken und zur Entwicklung eigener Verkettungen angeregt wird. Dazu gehören auch die Hinweise zur Abwehr mehrerer Gegner.

Neu und lobenswert in einem Sportfachbuch ist die Behandlung sportwissenschaftlich fundierter moderner Trainingsmethoden und die kurze Einführung in das für das Verständnis von Bewegungsformen so wichtige Gebiet der Biomechanik.

Auch nach diesem zweiten Fachbuch wird in vielen Vereinen mit ausgezeichnetem Erfolg gearbeitet. Beide Bände füllen eine Lücke in der Sportliteratur und können als Standardwerk für Ju Jutsu im Deutschen Judo-Bund ausgewiesen werden. Sie liefern Anfängern wie Fortgeschrittenen in hervorragender Weise eine Grundlage zur persönlichen Weiterbildung und helfen dem Übungsleiter, seinen Unterricht attraktiv und effektvoll zu gestalten – eine Empfehlung für jeden, der ernsthaft an Ju Jutsu interessiert ist.

Nunmehr liegt »Ju Jutsu Band 3 Spezialtechniken« vor, mit dem die Autoren meiner Bitte entsprechen, es nicht bei den beiden ersten, reich illustrierten Bänden bewenden zu lassen. Ju Jutsu ist so vielseitig und lebendig, daß wir gar nicht genug derartig brillante Literatur über dieses Gebiet haben können.

In diesem Sinne wünsche ich dem neuen Fachbuch »Ju Jutsu 3« wieder einen guten Erfolg und eine weite Verbreitung.

Herzlichen Dank an alle, die zum Gelingen dieses neuen Werkes beigetragen haben.

Prof. Dr. Klaus-Jürgen Schulze
6. Dan Judo, 5. Dan Ju Jutsu
ehemaliger Präsident des Deutschen Judo-Bundes e.V.
Vizepräsident und Generalsekretär der European Ju Jutsu Federation (EJJF)

Gegentechniken

Gegentechniken sind keine neuen Techniken. Es sind vielmehr die bekannten Ju Jutsu-Techniken aus den Ausbildungsprogrammen des 5. Kyu- bis 2. Dan-Grades, die in der Meisterklasse als Gegentechniken angewendet werden, um eine Ju Jutsu-Technik – als Angriff praktiziert – abzuwehren. Die offizielle Definition für Gegentechniken lautet: *Abwehr einer Ju Jutsu-Technik, soweit sie nicht als Angriffsart im Ausbildungsprogramm enthalten ist.*

Warum Gegentechniken?
Ju Jutsu ist eine in den letzten Jahren sehr populär gewordene Selbstverteidigungsmethode. Viele haben unsere Techniken kennengelernt, teils mehr oder weniger intensiv aus Büchern, in Selbstverteidigungskursen oder in Budo-Vereinen und Schulen. Wir müssen damit rechnen, rechtswidrig mit solchen Techniken angegriffen zu werden. Sollen wir uns mit unseren eigenen Mitteln schlagen lassen? Nein. Also müssen wir lernen, den Ansatz einer Ju Jutsu-Technik rechtzeitig abzuwehren oder eine angesetzte Technik zu kontern.
Als Grundregel gilt, daß man eine richtig angesetzte und ausgeführte Ju Jutsu-Technik nicht kontern kann. Eine Abwehrchance besteht nur, wenn ein Ansatz rechtzeitig erkannt und verhindert werden kann oder eine angesetzte Technik mangelhaft ausgeführt wird.
Darum lernen wir zuerst eine perfekte Grundschule, die auf eine absolute Griffsicherheit hinzielt. Die Mängel einer schlechten Grundschule (die erfahrungsgemäß bei 80% aller zu finden sind, die sich in der Selbstverteidigung üben) nutzen wir zu einer erfolgreichen Gegentechnik.
Im Training der Meisterklasse sind die Gegentechniken ein Hilfsmittel, um die Anwendung der Ju Jutsu-Techniken zu vervollständigen. Wer eine Kombination schlecht ausführt, wird an einer schwachen Stelle mit einer Gegentechnik gekontert. Damit entwickeln wir einen effektiven Übungskampf (Randori), der im Training der Meisterklasse nicht mehr fehlen darf. Der spielerische Verlauf von Angriff, Abwehr, Gegentechnik führt zu den technischen Voraussetzungen, die ein Ju Jutsuka erwerben muß, um im Ernstfall mit absoluter Sicherheit bestehen zu können.
Im Sinne dieses Kapitels wurden die zum Ju Jutsu zählenden Block- und Atemitechniken schon immer als Gegentechniken praktiziert. Ein gerader

Fauststoß, Handkantenschlag, Fußtritt vorwärts oder Halbkreisfußtritt wird z. B. mit einer Atemikombination Unterarmblock / Faustrückenschlag / Fauststoß und Fußtritt vorwärts gekontert. Ähnlich verfahren wir jetzt mit dem Kontern von Hebel-, Wurf- und Würgetechniken. Die nachfolgend dargestellten Beispiele sind aus einer Fülle möglicher Kombinationen ausgesucht.

Noch ein Übungshinweis: Vergessen Sie nicht das Kombinationsprinzip, das heißt, auch die Gegentechniken sind immer mit einer Kombination anderer geeigneter Selbstverteidigungstechniken sinnvoll zu verbinden!

Gegentechniken praktisch angewendet

Angriff:
Armstreckhebel über die Schulter

Gegentechnik:
Tritt in die Kniekehle und Fauststoß zum Gesicht (Abb. 3)

3

Angriff:
Kipphandhebel

Gegentechnik:
Hüftwurf (Abb. 4)

4

Handdrehbeugehebel

5

Handdrehbeugehebel (Abb. 5)

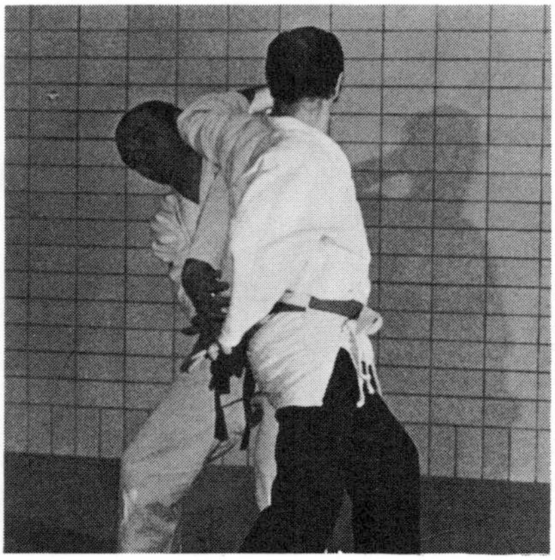

6

Umdrehen und Ellenbogenstoß oder Faustrückenschlag (Abb. 6)

Rolle vorwärts und Fußtritt oder Beinhebel (Abb. 7–10)

Weiterhin möglich:
Fersenrückwurf
Kipphandhebel
Körperstreckhebel

7

8

9

10

Kipphandhebel

11

Kipphandhebel (Abb. 11)

12

Wenn der Gegner den Kipphandhebel ansetzen will (Abb. 12) . . .

13

. . . Hand drehen und nach vorn stoßen (Abb. 13)

14

15

Des Gegners Arm fassen und links nach vorn gleiten (Abb. 14).

Körperrückstoß ausführen (Abb. 15)

Verteidigung wie oben beschrieben, jedoch eindrehen zum Körperstreckhebel (Abb. 16–17).

Weiterhin möglich:
Kipphandhebel
Hüftwurf
Fauststoß
Armstreckhebel zum Boden

16

17

Handbeugehebel

18

Handbeugehebel (Abb. 18)

19

Dem Zug folgen und mit Schulterbeinzug werfen (Abb. 19–20).

20

Armriegel von außen

Armriegel von außen (Abb. 21)

21

Arm drehen (Abb. 22) . . .

22

. . . und Talfallzug ausführen (Abb. 23).

Weiterhin möglich: Ausheber

23

Körperstreckhebel

24

Körperstreckhebel (Abb. 24)

25

Im Ansatz den Arm drehen (Abb. 25) ...

... links vorgleiten und kleinen Eingangswurf ausführen (Abb. 26–27).

Weiterhin möglich:
Talfallzug
Kleine Außensichel
Ausheber

26

27

Bauchstreckhebel

Im Ansatz den Arm drehen (Abb. 28) . . .

28

. . . den Angreifer an den Oberschenkeln fassen (Abb. 29) . . .

29

. . . und Ausheber ausführen (Abb. 30).

Weiterhin möglich:
Rolle vorwärts
Talfallzug

30

Armstreckhebel über die Schulter

31

Armstreckhebel über die Schulter (Abb. 31)

32

Im Ansatz Seitfußstoß zur Kniekehle (Abb. 32) . . .

33

. . . und Fauststoß zum Kopf ausführen (Abb. 33).

Kreuzfesselgriff

Kreuzfesselgriff (Abb. 34)

34

Im Ansatz Arm strecken und Armbeugehebel ausführen (Abb. 35–36).

35

36

37

38

Kreuzfesselgriff (Abb. 37)

Rolle vorwärts ausführen (Abb. 38),

Fußtritt zum Gesicht (Abb. 39),

39

dann durch Beinbeugehebel werfen und hebeln mit Fußhebel (Abb. 40–41)

40

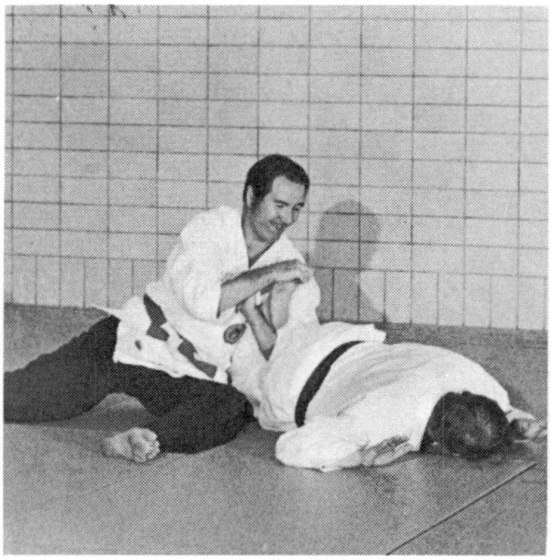

41

oder nach der Rolle den Kopf umklammern und überwerfen,
Beinhalsschere ausführen
(Abb. 42–43).

42

43

Genickhebel

44

Genickhebel (Abb. 44)

45

Schocken und Griff lockern (Abb. 45) . . .

46

. . . hinter des Gegners Bein treten (Abb. 46) . . .

... nach vorne überrollen (Abb. 47) ...

47

... Handbeugehebel ansetzen (Abb. 48) ...

48

... und mit dem Handbeugehebel aufheben (Abb. 49).

49

Genickdrehhebel

50

51

Genickdrehhebel (Abb. 50)

Der Drehrichtung folgend (Abb. 51) . . .

. . . Hüfte durchschieben (Abb. 52) . . .

. . . und Schulterwurf ausführen (Abb. 53).

52

53

Nierenschere

54

Nierenschere (Abb. 54)

Lösen durch Fauststoß (Abb. 55),

55

aufstehen und den Gegner mit dem Beinriegel umdrehen (Abb. 56–57).

56

57

58

Freies Würgen

Freies Würgen (Abb. 58)
Griff lockern, schocken, umdrehen und mit Großer Außensichel werfen (Abb. 59–60), oder nach unten, hinten herauswinden und übergehen zum Armstreckhebel zum Boden (Abb. 61–62).

Weiterhin möglich:
Fingerstiche, Ellenbogenstoß, Hüftwurf, Schulterwurf, Handdrehgriff oder Armdrehgriff

59

60

61

62

63 64

Fußrückstoß

Der Gegner versucht, einen Fußtritt mit Fußrückstoß zu kontern (Abb. 63).
Knie krümmen und Fauststoß zum Gesicht (Abb. 64).

Ausheber

Der Gegner setzt einen Ausheber an (Abb. 65).
Gegentechnik: Ellenbogenstoß oder Bauchstreckhebel (Abb. 66–67).

65

66 67

Hüftwurf

68

Hüftwurf (Abb. 68)

Absperren nach hinten (Abb. 69) . . .

69

. . . vor den Gegner treten (Abb. 70) . . .
. . . und selbst Hüftwurf ausführen (Abb. 71).

70

71

Oder umspringen in die Bodenlage und Seitenrad ausführen (Abb. 72–74).

Weiterhin möglich: Talfallzug, Körperwurf

72

73

74

Schwertwurf

75

Schwertwurf (Abb. 75)

Das Eindrehen des Gegners um 180 Grad auf halbem Wege abstoppen (Abb. 76),

76

77

Rückriß ausführen (Abb. 77)

oder durchgehen und Armstreckhebel über die Schulter (Abb. 78) anwenden.

78

Weiterhin möglich:
Ebenfalls Schwertwurf,
Seitfußstoß in Kniekehle
Körperrückstoß
Kipphandhebel
Handdrehgriff
Armstreckhebel am Boden
Transportwürge
Kleiner Eingangswurf

Große Außensichel

Große Außensichel (Abb. 79)

79

Den Wurfansatz mit dem Handballenstoß kontern und selbst die Große Außensichel ausführen (Abb. 80–81).

80

Weiterhin möglich:
Seitenriß
Körperrückstoß

81

82

Schulterwurf

Schulterwurf (Abb. 82)

83

Nach dem Schulterwurf Fußtritt zum Gesicht des Gegners, anschließend mit dem Beinhebel werfen und hebeln (Abb. 83–84).

Weiterhin möglich:
Freie Würge/Transportwürge
Fußtritt in die Kniekehle
Atemi zu den Nieren

84

Große Innensichel

85

Große Innensichel gegen Umklammerung von vorn unter den Armen.
Der Gegner setzt Große Innensichel an (Abb. 85).

Seinem Druck nachgeben (Abb. 86),

86

den rechten Fuß einsetzen (Abb. 87) und als Gegentechnik den Kopfwurf ausführen (Abb. 88).

Weiterhin möglich:
Seitenrad
Halbkreisfußtritt
Seitfußstoß
oder noch im Ansatz Hebezugfußhalte

88

87

89 90

91

Hebezugfußhalte

Hebezugfußhalte (Abb. 89–90)

Wenn der Gegner den Wurf ansetzt, überspringen und selbst eine Hebezugfußhalte ausführen (Abb. 91–93).

Weiterhin möglich:
Körperwurf
Kniestoß

92 93

Kleine Innensichel

Nach dem Wurf einhängen und Fußstoß seitwärts ausführen (Abb. 94–95).

Weiterhin möglich:
Beinbeugehebel
Kopfwurf

94

95

Doppelhandsichel

96

97

Bei der Ausführung des Wurfes klammern (Abb. 96) und mit Schwung einen Eckenwurf ausführen (Abb. 97).

Weiterhin möglich:
Kreuzfesselgriff
Preßluftschlag
Ellenbogenstoß nach unten
Fersenrückwurf

Kopfwurf

98

Kopfwurf (Abb. 98)

Beim Ansatz das Bein fassen, Handballenstoß ausführen (Abb. 99) und mit Großer Innensichel werfen (Abb. 100). Mit Fußstreckhebel oder Beinriegel weiterführen (Abb. 101).

99

Weiterhin möglich:
Beinbeugehebel
Bein wegfegen/Körperrückstoß

100

101

Zusammenstellung weiterer Gegentechniken

Angriff des Gegners:	**Gegentechnik:**
Armstreckhebel zum Boden	Rolle vorwärts Fußstöße aus der Bodenlage Ausheber Kipphandhebel Körperrückstoß Drehung um 180 Grad/Ellenbogenstoß
Handdrehhebel	Kreuzfesselgriff Fersenrückwurf
Armdrehgriff und Handdrehgriff	Körperrückstoß Rückriß Transportwürge Körperdrehung um 180 Grad und Ellenbogenstoß
Drehstreckhebel	Fußstoß seitwärts Rolle vorwärts/Fußstöße aus der Bodenlage Kreuzfesselgriff
Handsperrhebel	Fersenrückwurf Fußtritt
Handseithebel	Rolle vorwärts/Fußstöße Fußstoß seitwärts Körperdrehung um 180 Grad/Faustrückenschlag
Seitstreckhebel	Eigene Handfassen/Mitgehen/Atemi
Armriegel von innen	Fauststoß Kleine Außensichel Große Außensichel Hüftwurf Kleiner Eingangswurf

Fußdrehhebel	Herausdrehen und Fußstoß rückwärts
Preßluftschlag	Unterarmblock und Kopfstoß oder Ellenbogenstoß
Beindurchzug	Ausheber In Bodenlage Fußstoß
Schulterbeinzug	Fauststoß nach unten Fußstoß aus der Bodenlage
Außendrehwurf	Bein einhängen/Freies Würgen Ausweichen/Körperwurf
Rückriß	Drehung um 180 Grad/Handkanten-schlag
Körperwurf	Bein einhängen/Freies Würgen Kleiner Eingangswurf Körperrückstoß Rückriß
Kleine Außensichel	Kleine Außensichel

Weiterführungstechniken

Mit Hilfe der Weiterführungstechniken wird die Abwehr unter Berücksichtigung des Widerstandes oder der Gegenbewegung des Angreifers weitergeführt. Die Grundtechniken sind aus den Ausbildungsprogrammen bekannt.
Was unterscheidet die Weiterführungstechniken von den Kombinationen?
Werden mehrere Selbstverteidigungstechniken in einer vorgeplanten Folge von Abwehrhandlungen sinnvoll verbunden, nennt man das eine Kombination. Bei den Weiterführungstechniken entsteht in der Gesamtabwehrhandlung letztlich auch eine sinnvolle Kombination. Sie ist aber nicht das Ergebnis einer gewollten, vorgeplanten Folge, sondern ergibt sich als Aktion auf eine Reaktion.
Zur Erklärung folgendes Beispiel:
Angriff:
Gerader Messerstich mit der rechten Hand zum Magen (Florettstich)
Abwehr:
Körperabdrehen, Handfegen links, Fassen des Handgelenks mit der rechten Hand und Faustrückenschlag links zum Gesicht, Armstreckhebel über die Schulter (als Transportgriff zu halten). Abnehmen des Messers durch Überstrecken des Ellenbogengelenks.
Soweit ist die Abwehr eine gewollte, vorgeplante, sinnvolle Kombination mehrerer Selbstverteidigungstechniken. Jetzt setzt die Gegenbewegung des Angreifers ein. Er krümmt den über der Schulter gestreckten Arm, um so der schmerzhaften Hebelwirkung zu entgehen. Diese Gegenbewegung wird sinnvoll weitergeführt (Weiterführungstechnik) zum Schwertwurf oder zum Armbeugehebel mit anschließender Festlegetechnik am Boden.
Die nachfolgenden Beispiele sind aus einer Fülle möglicher Weiterführungstechniken ausgesucht und in Bildern dargestellt. Es wurde bewußt darauf verzichtet, auch alle Folgetechniken nach dem Kombinationsprinzip im Bild darzustellen, da dies als bekannt und unerläßlich vorausgesetzt werden muß. Trotzdem muß noch einmal darauf hingewiesen werden, daß nach der Weiterführungstechnik die Verteidigung mit Kombinationen so lange fortgeführt werden muß, bis der Angreifer kampfunfähig ist.

Handdrehbeugehebel

Angriff des Gegners durch Ohrfeige, Abwehr mit Unterarmblock und Schock (Abb. 102),

102

Verteidigen mit *Handdrehbeugehebel* (Abb. 103),

103

Gegner führt eine Rolle vorwärts aus (Abb. 104),

104

105

nach der Rolle den Arm des Gegners in Richtung Kopf strecken (Abb. 105),

106

den Gegner in Bauchlage bringen und mit dem Handdrehbeugehebel festlegen (Abb. 106–107).

107

Weiterhin möglich:
Kipphandhebel
Handbeugehebel
Armstreckhebel am Boden

Der Gegner winkelt den Arm an (Abb. 108),

umgreifen und weiterführen zum Handbeugehebel (Kavaliersgriff) (Abb. 109–110),

oder weiterführen zum Kreuzfesselgriff (Abb. 111–112).

Aus dieser Gegenbewegung auch möglich: Handdrehhebel

108

109

110

111

112

Handdrehhebel

113

Angriff durch Würge mit beiden Händen (Abb. 113),

114

Abwehr durch *Handdrehhebel* (Abb. 114),

115

wenn der Gegner den Arm streckt (Abb. 115),

weiterführen zum Körperstreckhebel (Abb.116) oder mitgehen (Abb.117) und Körperrückstoß ausführen (Abb.118).

Unter Ausnutzung dieser Gegenbewegung ist weiterhin möglich: Bauchstreckhebel, Armstreckhebel zum Boden, Große Außensichel, Kleine Außensichel, Handseithebel

116

117

118

119

Kipphandhebel

Messerangriff abwehren durch *Kipphandhebel* (Abb. 119 – 120).

Der Gegner dreht die Hand und klammert (Abb. 121),

kleine Innensichel ausführen und Messer abnehmen (Abb. 122 – 123).

120

121

122

123

Der Gegner dreht die Hand und stößt sie nach vorn (Abb. 124),

weiterführen zum Kreuzfesselgriff (Abb. 125–126),

oder Körperstreckhebel ausführen (Abb. 127–128),

124

125

126

127

128

129

130

oder Drehstreckhebel ausführen (Abb. 129–130).

Der Gegner dreht sich und klammert (Abb. 131).

Weiterführen durch Hüftwurf (Abb. 132),

131

132

Handbeugehebel ansetzen (Abb. 133),

133

den Gegner zum Umdrehen zwingen (Abb. 134),

134

mit Handbeugehebel aufheben und abführen (Abb. 135–136).

135

136

Handseithebel

Angriff durch Fassen am Ärmel (Abb. 137),
Abwehr durch *Handseithebel* (Abb. 138)
Der Gegner versucht, der Hebelwirkung durch eine Rolle vorwärts zu begegnen (Abb. 139),
nach der Rolle weiterführen zum Armstreckhebel am Boden (Abb. 140–141).
Winkelt der Gegner am Boden den Arm an, zum Handbeugehebel weiterführen.

139

137

140

138

141

Armstreckhebel zum Boden

Angriff durch Stockschlag von oben abwehren durch einen *Armstreckhebel zum Boden* (Abb. 142–143).
Krümmt der Gegner den Arm, dann weiterführen zu Handbeugehebel (Abb. 144), Armbeugehebel (Abb. 145) oder Kreuzfesselgriff (Abb. 146).

144

142

145

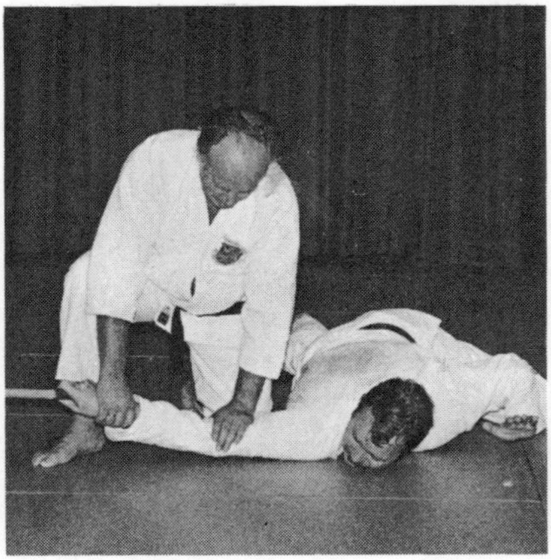
143

146

147

Zieht der Gegner im Ansatz den Arm an (Abb. 147),

148

der Bewegung folgen und Armbeugehebel ausführen (Abb. 148),

149

zu Boden bringen und durch Handbeugehebel festlegen (Abb. 149).

Weicht der Gegner durch eine Rolle vorwärts aus (Abb. 150),

ihn mit gestrecktem Arm in Bauchlage bringen (Abb. 151),

Armstreckhebel (Abb. 152) oder Beinkreuzfesselgriff ausführen (Abb. 153).

150

152

151

153

154

Armstreckhebel über die Schulter

Messerangriff abwehren mit *Armstreckhebel über die Schulter* (Abb. 154–155).
Krümmt der Gegner den Arm (Abb. 156),
zum Armbeugehebel übergehen (Abb. 157),
oder Schwertwurf ausführen (Abb. 158)
Aus dieser Gegenbewegung läßt sich auch ausführen: Große Außensichel, Arm-/Handdrehgriff.

155

157

156

158

Armriegel von außen

Angriff durch Schlag von innen (Abb. 159) abwehren durch *Armriegel von außen* (Abb. 160).

Der Gegner krümmt den Arm (Abb. 161),

daher weiterführen durch Handbeugehebel (Abb. 162) oder Armbeugehebel (Abb. 163).

161

159

162

160

163

Drehstreckhebel

164

Pistolenangriff von hinten, umdrehen und mit Hilfe des *Drehstreckhebels* verteidigen (Abb. 164–166).

165

Krümmt der Gegner den Arm, dann mit Kreuzfesselgriff weiterführen (Abb. 167).

166

167

Bauchstreckhebel

Stockangriff abwehren (Abb. 168),
und durch *Bauchstreckhebel* (Abb. 169) verteidigen.

Krümmt der Gegner den Arm (Abb. 170),
weiterführen zu Körperstreckhebel (Abb. 171),

168

169

170

171

172

oder Handdrehhebel (Abb. 172),

173

oder Kipphandhebel (Abb. 173–174).

174

Armbeugehebel

Stockangriff abwehren (Abb. 175), verteidigen mit *Armbeugehebel* (Abb. 176), dreht der Angreifer den Arm nach innen (Abb. 177), Übergang zum Handdreh-beugehebel (Wickelgriff) (Abb. 178).

Der Gegner dreht sich und klammert – dann weiterführen zur Großen oder Kleinen Innensichel (Abb. 179).

177

175

178

176

179

Armriegel von innen

180

Stockschlag von außen (Abb. 180)

181

durch *Armriegel von innen* abwehren (Abb. 181).

182

Krümmt der Gegner den Arm nach innen (Abb. 182),

weiterführen zum Armbeugehebel und Kleiner Außensichel (Abb. 183).

183

Gegner drückt und krümmt den Arm nach außen (Abb. 184),

184

weiterführen zum Schulterwurf (Abb. 185).

Aus dieser Gegenbewegung läßt sich auch die Große Außensichel und die Kleine Innensichel ausführen.

185

Kreuzfesselgriff

186

Einen Messerangriff abwehren (Abb. 186).
Übergang (Abb. 187)
zu *Kreuzfesselgriff* (Abb. 188).

Streckt der Gegner den Arm (Abb. 189) Drehstreckhebel und Fußtritt ausführen (Abb. 190).

187

189

188

190

Fußrückstoß

Fußtritt abwehren (Abb. 191) . . .
. . . durch *Fußrückstoß* (Abb. 192).

Kann der Gegner seinen Stand bewahren und zieht sein Bein an (Abb. 193), weiterführen zu Beinrückzug mit Kleiner Außensichel (Abb. 194).

Weiterhin möglich:
Beinriß
Körperrückstoß
Kleiner Eingangswurf

191

193

192

194

Armdrehgriff

195

Stockangriff abwehren durch Handballenstoß. Eindrehen zum *Armdrehgriff* (Abb. 195–197).

196

197

Dreht sich der Gegner, weiterführen zum Armbeugehebel (Abb. 198)

198

oder zur Freien Würge (Abb. 199)

199

und zur Transportwürge (Abb. 200).

200

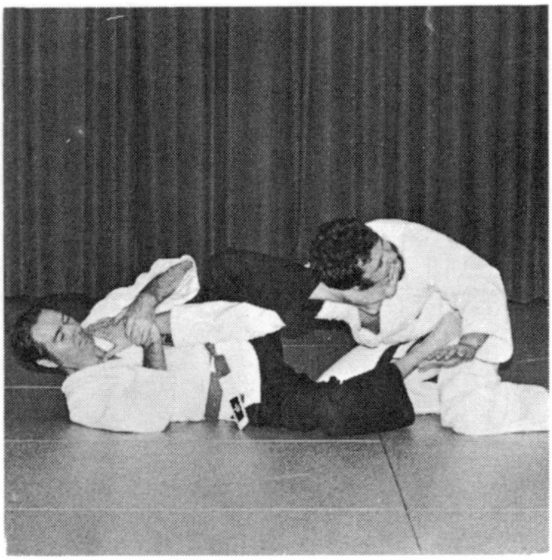

201

Kippstreckhebel

Ist der Gegner in Bodenlage zwischen den Beinen (Abb. 201),
Verteidigung durch den *Kippstreckhebel* (Abb. 202).

Zieht der Gegner nach hinten, diese Bewegung zum Seitstreckhebel weiterführen (Abb. 203–205).

202

204

203

205

Wehrt sich der Gegner gegen den Seitstreckhebel, wegdrehen und Kippstreckhebel ausführen (Abb. 206–207).

206

207

208

Nierenschere

Einen Würgeangriff in der Bodenlage abwehren durch eine *Nierenschere* (Abb. 208).
Wehrt sich der Gegner durch Ellenbogendruck in die Oberschenkel (Abb. 209),

weiterführen mit Beinstrecker (Abb. 210),
Genickdrehhebel (Abb. 211) und Fauststoß (Abb. 212).

209

211

210

212

Hüftwurf

Einen Fauststoß zum Gesicht mit einem Unterarmblock abwehren (Abb. 213) und mit einem *Hüftwurf* fortsetzen (Abb. 214–215).

Sperrt der Gegner nach hinten, Kleine Innensichel ausführen (Abb. 216–217).

213

214

215

216

217

Rückriß

Einen Angriff durch Fußtritt mit Tiefblock und *Rückriß* abwehren (Abb. 218–220).

Kann der Gegner stehen bleiben, mit einer Doppelhandsichel nach vorn werfen (Abb. 221–222).

Als Weiterführungstechnik ist auch eine Freie Würge möglich.

218

219

220

221

222

Gegner dreht sich und versucht einen Faustrückenschlag (Abb. 223), abblocken, an den Schultern greifen (Abb. 224) und Rückriß ausführen (Abb. 225).

Aus dieser Gegenbewegung auch möglich:
Unterarmblock von innen
Freies Würgen

223

224

225

Handbeugehebel

Angriff durch Würge mit Schlag – verteidigen mit Handkantenblock (Abb. 226) und *Handbeugehebel* (Abb. 227).

Der Gegner will sich durch Schulterbeinzug verteidigen (Abb. 228), selbst fallen (Abb. 229) und zu Seitstreckhebel weiterführen (Abb. 230).

226

227

229

228

230

Außendrehwurf

Stockschlag von außen durch einen *Außendrehwurf* abwehren (Abb. 231–233).

Sperrt der Gegner den Wurf ab und kann stehen bleiben, nach vorne fallen lassen (Abb. 234) und auf den Rücken drehen. Mit einem Beinhebel oder je nach Stand des Gegners mit einem Scherenwurf zu Fall bringen (Abb. 235).

231

232

233

234

235

236

239

237

240

238

241

Schulterwurf

Stockangriff abwehren durch *Schulterwurf* (Abb. 236–237). Angreifer sperrt (Abb. 238), Armbeugehebel (Abb. 239) oder Schwertwurf (Abb. 240). Wehrt der Gegner sich durch eine Freie Würge (Abb. 241), nach hinten, unten herausdrehen (Abb. 242) und zum Armstreckhebel am Boden weiterführen (Abb. 243). Weicht Gegner dem Wurf aus, indem er sich vorbeischiebt und den »Schwitzkasten« versucht (Abb. 244–245), weiterführen mit Ausheber oder Schaufelwurf (Abb. 246).

244

242

245

243

246

Große Außensichel

Stockangriff mit einer *Großen Außensichel* abwehren (Abb. 247–248).

Kann der Angreifer seinen Fuß zurückziehen, eindrehen und weiterführen mit einem Körperwurf (Abb. 249–251).

Weitere Möglichkeiten: Wenn der Gegner das Bein hochnimmt, Talfallzug oder Genickdrehhebel.

249

247

250

248

251

Große Innensichel

252

Einen Würgeangriff mit einer *Großen Innensichel* abwehren (Abb. 252–253).

Der Angreifer wehrt sich durch Gegendruck (Abb. 254).

Eindrehen und Schulterwurf ausführen (Abb. 255–256).

253

255

254

256

Hebezugfußhalte

Umklammerung von vorn abwehren durch eine *Hebezugfußhalte* (Abb. 257–258).

Springt der Gegner über (Abb. 259), Kleine oder Große Innensichel anwenden (Abb. 260–261).

259

257

260

258

261

262

Abwehr eines Stockschlages mit einem Schulterwurf (Fesselung beider Arme) (Abb. 262).

Selbstverteidigung mit »Waffen«

Bei den Erläuterungen in diesem Kapitel gehen wir davon aus, daß wir im Gefahrenfalle einen Stock zur Hand haben, um uns entsprechend verteidigen zu können.

Wenn wir nicht mit einem Spazierstock oder Regenschirm als Zweckgegenstände »bewaffnet« sind, müssen wir versuchen, ganz schnell in den Besitz eines stockähnlichen Gegenstandes zu kommen – sei es ein Stück vom Lattenzaun, ein abgebrochener Ast im Wald, ein Stuhlbein im Gasthaus, eine Mistgabel im Garten, ein Billardstock im Spielsaal oder ähnliches.

Wir können dem Angreifer aber auch eine gegen uns gerichtete Schlagwaffe mit Ju-Jutsu-Techniken abnehmen, ihn also entwaffnen, um sie dann selbst für unsere weitere Selbstverteidigung mit Stocktechniken einzusetzen.

Die folgenden Beispiele zeigen, wie man sich gegen Angriffe mit dem Stock verteidigt und dem Angreifer den Stock entwindet. Weitere Möglichkeiten der Stockabwehr sind in Band 1 und 2 nachzulesen.

Angriff: Schlag von oben mit langem Stock beidhändig (Abb. 263)

263

Verteidigung: Handfegen (Abb. 264)

264

Stockfassen (Abb. 265)

265

Faustrückenschlag oder Handkantenschlag zum Gesicht (Abb. 266)

266

Stock abnehmen (Abb. 267)

267

268

Angriff: Schlag von oben mit langem Stock beidhändig (Abb. 268)

Verteidigung: Handfegen (Abb. 269)

Körperrückstoß (Abb. 270)

Stock abnehmen (Abb. 271)

Stockschlag von oben (Abb. 272)

269

270

271

272

Angriff: Schlag von innen mit langem Stock beidhändig (Abb. 273)

Verteidigung: Handkantenblock (Abb. 274)

Fesselung beider Arme (Abb. 275)

Hüftwurf (Abb. 276)

Stockstich (Abb. 277)

273

274

275

276

277

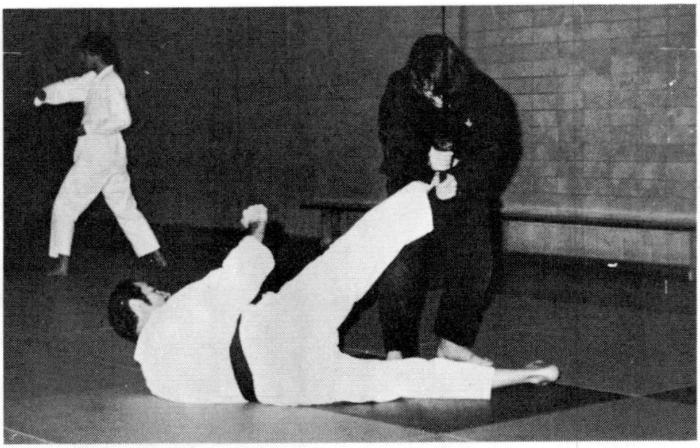
278

279

280

Angriff: Schlag von oben mit einem langen Schwert beidhändig.

Verteidigung: Aus der Bodenlage Halbkreisfußtritt zum Solar plexus (Abb. 278), Beinbeugehebel (Abb. 279), Festlegen mit Beinbeugehebel/Fauststoß (Abb. 280).

Stocktechnik allgemein

Ju Jutsu ist vornehmlich eine waffenlose Selbstverteidigung. Sie ermöglicht, in Vollendung ausgeführt, die Abwehr mehrerer Angreifer und deren Entwaffnung. Bewaffnete Angreifer sind allerdings immer ein hohes Risiko für Leib und Leben, zumal heute viele Waffen und waffenähnliche, verbotene Gegenstände verwendet werden, deren Gefährlichkeit nicht sofort erkennbar ist, z. B. Springmesser, Schlagringe, Schlagfedern, Nunchakus, Rohre, Stöcke, Stockschirme, Drahtschlingen, imitierte Schmuckketten, verborgene Rasierklingen, geschliffene Metallkämme, Nägel, Schlüssel, abgeschlagene Flaschenhälse, Henkel von Bierkrügen usw.

Die Selbstverteidigung mit Stocktechniken ist hier eine gute Alternative und eröffnet auch dem älteren Ju Jutsuka zahlreiche neue Möglichkeiten einer erfolgreichen Abwehr.

Der geschickte Umgang mit dem Stock als Waffenkampfsportart gehört zum wesentlichen Bestandteil der fernöstlichen Kampfkünste. So kennt man seit über 10 Jahren in Deutschland Stocktechniken aus dem Kendo und Aikido. Weniger bekannt geblieben sind die Stoß- und Schlagtechniken aus dem Bo-Karate sowie die Hebel-, Wurf- und Würgetechniken aus dem Bo-Jutsu, die auch unter den Begriffen Stick-fighting und Kobudo zu finden sind.

Die Übernahme einer Auswahl von Stocktechniken in das moderne Ju Jutsu geht von der Erkenntnis aus, daß es zweifellos vorteilhaft und nützlich ist, mit einem Stock oder einer stockähnlichen Schlagwaffe (z. B. Spazierstock, Regenschirm, Stuhlbein, Latte, Eisenstange) umgehen und sie in der Selbstverteidigung einsetzen zu können. Oft kommt es vor, daß man einem Angreifer eine solche Schlag- und Stichwaffe mit Ju Jutsu-Techniken abnehmen und sie dann gegen weitere Angriffe – insbesondere mehrerer Angreifer – einsetzen kann.

Für die Ausführung von Stocktechniken gelten die im Ju Jutsu gültigen Bewegungs-, Energie- und Wirkungsprinzipien gleichermaßen. Alle Bewegungen kommen aus der Körpermitte (Hara/Hüfte) und werden auf den Stock übertragen. Eine solche Waffe ist den Armen an Reichweite und den Extremitäten an Härte überlegen.

Die Stockhaltung ist variabel. Sowohl Einhandhaltung am Stockende, Zweihandhaltung entweder in der Mitte des Stocks (waagerecht vor dem Körper gehalten) oder am Stockende (Schwerthaltung) sind möglich.

Verschiedene Varianten gestatten überraschende Abwehr- und Angriffstechniken, die den Wirbelschlägen mit einem Nunchaku entsprechen.

Der Übungsstock gleicht in der Länge mit ca. 92 cm dem üblichen Spazierstock.

Das Kapitel Stocktechniken kann im Rahmen dieses Buches nicht erschöpfend dargestellt werden. Mit einigen ausgesuchten Grundtechniken wird an Kombinationsbeispielen gezeigt, wie man sich wirkungsvoll verteidigen kann. Diese Stocktechniken bedeuten für den Ju Jutsuka eine Erweiterung seines Könnens, insbesondere für die Abwehr mehrerer bewaffneter Angreifer.

Dem Laien, der im Ju Jutsu als Kunst der waffenlosen Selbstverteidigung nicht geübt ist, sowie älteren Menschen und Frauen werden Möglichkeiten gezeigt, wie man sich ohne große körperliche Gewandtheit und Kraft mit Hilfe eines Spazierstockes oder Regenschirmes erfolgreich wehren kann.

Der Hauptvorteil bei der Verwendung eines Stockes oder Schirms ist der Gewinn an Reichweite. Darum ist ein Angreifer möglichst auf Distanz zu halten und mit Stockschlägen und -stößen (Atemi) abzuwehren.

Bei unvermeidbarem Körperkontakt werden die Atemitechniken mit Hebel-, Wurf- und Würgetechniken ergänzt, um den Angreifer auszuschalten.

Wird der Stock vom Angreifer gefaßt, sollte man nicht kopflos mit Kraft gegen Kraft um den Besitz streiten. Stattdessen ist der Stock mit seinem freien Ende als Schlagwaffe zu benutzen. Außerdem kann man mit seiner Hilfe den Angreifer durch Zug-, Druck- oder Kreisbewegungen aus dem Gleichgewicht bringen, um somit seine Kraft und Körperstabilität zu schwächen. Anschließend ist es ein leichtes, dem Gegner den Stock zu entwinden beziehungsweise ihn mit einer Wurftechnik zu Fall zu bringen.

Stocktechniken können selbstverständlich sehr wirkungsvoll mit anderen Ju Jutsu-Techniken kombiniert werden. Insbesondere bei der Abwehr mehrerer Angreifer sind die Stoß- und Schlagtechniken des Stockes mit anderen Atemitechniken der Beine und Hände zu verbinden.

- Die Bestimmungen über die Notwehr sind immer zu beachten, damit aus dem Verteidiger kein Beklagter wird, der sich vor einem Gericht zu verantworten hat.

Eine Selbstverteidigung ist im Ernstfall Nervensache. Nur wer sich in der Gewalt hat, ruhig und gelassen bleibt (tiefe Zwerchfellatmung), wird seine Techniken – mit und ohne Stock – erfolgreich zum Schutze seiner Person und Rechte anwenden können.

Zur Schulung von Technik, Reaktion und Schnelligkeit hat sich die Übung des »Waffenkampfes« bewährt. Der Angreifer versucht, den Verteidiger mit dem Messer, Stock oder einer sonstigen Waffe zu treffen. Der Verteidiger muß die vielfältigen und auch listenreichen Angriffe abwehren. Beide tragen zweckmäßigerweise Kopf-, Hand- und Brustschutz, damit Angriff und Abwehr voll ausgeführt werden können.

Um Verletzungen zu vermeiden, empfiehlt es sich, hierbei »entschärfte« Waffen zu benutzen, also abgestumpfte Messer, Holzmesser und isolierte Schlagstöcke.

Die folgenden Fotos zeigen einige Kampfszenen.

Vertikaler Seitstoß gegen Stockschlag von innen (Abb. 281) mit Fußfeger (Abb. 282) und Stockstich (Abb. 283).

281

Hüftwurf links (Abb. 284–285).

282

283

284

285

Horizontaler Seitstoß nach oben gegen Stockschlag beidhändig von oben. Kurzer Schlag von der Seite gegen den Kopf (Abb. 286–287).
Langer Stockschlag zum Genick gegen Schwertschlag von oben (Abb. 288).
Waagerechter Seitstoß mit der Mitte des Stockes gegen Arm und Gesicht des Angreifers. Diese Abwehr kann bei einem Angriff mit dem Messer verwendet werden (Abb. 289).
Hüftwurf mit Stock gegen einen beidhändigen Würgegriff (Abb. 290).

288

286

289

287

290

Grundstellungen und Stockhaltungen

Nachfolgend werden die wichtigsten Grundstellungen, Stockhaltungen sowie Verteidigungs- und Angriffstechniken dargestellt und zu Kombinationen der Grundschule und zur Selbstverteidigung auf der Straße gegen einen und mehrere Angreifer verbunden.

291

292

Ausgangsstellung

Die Füße stehen in Schulterbreite auseinander, der Körper ist gerade aufgerichtet, die Arme hängen locker herab und halten den Stock waagerecht vor den Körper. Beide Hände fassen den Stock fest mit Obergriff. Die Handrükken zeigen nach oben (Abb. 291).

Kampf- oder Verteidigungsstellung

Aus der Ausgangsstellung wird ein Fuß einen Schritt nach hinten gesetzt und der Körper halb abgedreht (linke oder rechte Verteidigungsstellung). Der Körperschwerpunkt liegt etwas abgesenkt genau in der Mitte der Beine. Aus dieser Stellung kann man sich nach allen Seiten gut bewegen und in die Angriffsstellung übergehen. Der Stock wird mit angewinkelten Armen, seitlich dicht am Körper, ohne Griffwechsel so nach vorne gehalten, daß die Stockspitze auf den Angreifer zielt (Abb. 292).

293

294

Angriffsstellung

Der Körperschwerpunkt liegt tiefer und festigt damit das Gleichgewicht. Die Bewegungsfähigkeit wird dadurch eingeschränkt. Der Stock wird zum Angriff eingesetzt und verschiedenartig gehalten (Abb. 293–294).

Stockstöße – Stockstiche

Längsstöße

Der Stock wird mit der Spitze nach vorne, hinten oder seitwärts gestoßen. Die Kraft konzentriert sich auf eine kleine Auftrefffläche. Dabei unterscheidet man beidarmiger Längsstoß mit Obergriff nach vorne, hinten und zur Seite,
beidarmiger Längsstoß mit Schwertgriff nach vorne (Abb. 295),
einarmiger Längsstoß nach vorne, hinten und zur Seite (Abb. 296).

295

296

297

Seitstöße

Beim Seitstoß trifft der Stock quer – also mit der Seite – sein Ziel. Auf diese Weise werden sowohl Angriffstechniken wie auch Block- bzw. Abwehrtechniken ausgeführt. Der Stoßpunkt des

Vertikaler (senkrechter) Seitstoß mit der Mitte des Stocks (Abb. 297). Vertikaler (senkrechter) Seitstoß mit einem Ende des Stocks (Abb. 298–301).

298

299

300

301

Stockes liegt entweder in der Mitte oder an den Stockenden . Mit den Stockenden können auch Fegetechniken – ähnlich dem Handfegen – ausgeführt werden.

Horizontaler (waagerechter) Seitstoß mit der Mitte des Stocks (Abb. 302–303)

302

303

Horizontaler (waagerechter) Seitstoß mit einem Ende des Stocks (Abb. 304).

304

Stockschläge

Einarmig und beidarmig ausgeführte kurze und weitausgeholte Schläge unterscheiden sich voneinander. Der Stock macht eine schwungvolle Viertel- bis Halbkreisdrehung in vertikaler, horizontaler oder diagonaler Richtung und setzt so Rotationskräfte nach dem Zentrifugalprinzip frei.
Der Schlag trifft mit dem rechten oder linken Ende des Stocks, wobei die Hände am Stock entlang gleiten und je nach Schlagausführung den Stock mit Obergriff oder Schwertgriff halten.

305

Kurze Schläge beidhändig mit Obergriff (Abb. 305–307)

306

307

308

309

Kurze Schläge einhändig (Abb. 308)

Weitausgeholte Schläge einhändig (Abb. 309–310)

310

Weitausgeholte Schläge beidhändig mit Schwertgriff (Abb. 311–312).

311

312

313

Weitausgeholte Schläge beidhändig mit Schwertgriff,

zum Kopf (Abb. 313),

314

zur Schläfe (Abb. 314),

zum Magen (Abb. 315),

zur Kniekehle (Abb. 316).

315

316

Kombinationen mit Atemitechniken (Schlagen, Stoßen)

Angriff: Gerader Fauststoß zum Gesicht.

Verteidigung: Kurzer Block vertikal von außen mit dem oberen Teil des Stocks gegen den Arm (Abb. 317),
kurzer Schlag horizontal zum Solar Plexus (Abb. 318),
weitausgeholter Schlag einhändig diagonal von hinten gegen die Kniekehle (Abb. 319–320).

Vielfältigkeitsprinzip: Die Kombination eignet sich z. B. weiter zur Abwehr folgender Angriffe
Florettstich zum Hals,
Rückhandschlag,
Stockschlag von innen,
Messerstich von innen.

317

318

319

320

321

Angriff: Gerader Fauststoß zum Gesicht.

Verteidigung: Kurzer Block vertikal von innen mit dem oberen Teil des Stocks gegen den Arm (Abb. 321)

322

Längsstoß zum Kehlkopf (Abb. 322) oder wahlweise zum Solar Plexus (Abb. 323).

Vielfältigkeitsprinzip: Die Kombination eignet sich z. B. weiter zur Abwehr folgender Angriffe
Ohrfeige,
Schwinger,
Stockschlag von außen,
Messerstich von außen.

323

324

Angriff: Gerader Fußtritt von vorne.

Verteidigung: Kurzer Block von außen mit dem unteren Teil des Stocks gegen das Bein (Abb. 324),

325

Kurzer Schlag vertikal auf den Kopf (Abb. 325).

Vielfältigkeitsprinzip: Die Kombination eignet sich z. B. weiter zur Abwehr folgender Angriffe
Gerader Fauststoß zum Magen,
Florettstich,
Schlag mit dem Stock von innen zum Rumpf.

326

Angriff: Gerader Fußtritt von vorne.

Verteidigung: Kurzer Block von innen vertikal mit dem unteren Teil des Stocks zum Bein (Abb. 326),

327

Weit ausgeholter Schlag beidhändig mit Schwertgriff vertikal oder seitlich zum Kopf (Abb. 327–328),

Alternativ, weit ausgeholter Schlag einhändig seitlich zum Kopf (Abb. 329).

Vielfältigkeitsprinzip: Die Kombination eignet sich z. B. weiter zur Abwehr folgender Angriffe
Gerader Fauststoß zum Magen,
Florettstich,
Stockschlag von innen zum Rumpf.

328

329

Angriff: Messerstich von oben.

330

Verteidigung: Längsstoß mit Schwertgriff zum Kehlkopf (Abb. 330),

dann weitausgeholter Schlag vertikal zum Handgelenk (Abb. 331–332).

331

Diese Art der Vorwärts-Verteidigung eignet sich immer, um einem drohenden Angriff zuvor zu kommen. Wenn die gebotene Notwehrsituation dies zuläßt, ist Angriff oft die beste Verteidigung.

332

333

Kombinationen mit Stockhebeltechniken

Angriff: Fassen des Stocks an der vorderen Hälfte.

Verteidigung: Brechen des Krafteinsatzes durch Zug oder Druck (Abb. 333),

334

Verdrehen des Handgelenks zur Handseit-/Handdrehhebeltechnik (Abb. 334)

335

und
Längsstoß zum Gesicht (Abb. 335).

Angriff: Gegenüberliegendes Handgelenk fassen und Schwinger rechts.

Verteidigung: Handkantenblock links (Abb. 336),

336

Ende des Stocks über das Handgelenk des Angreifers legen und mit Handsperrhebel am Boden festlegen (Abb. 337–338).

337

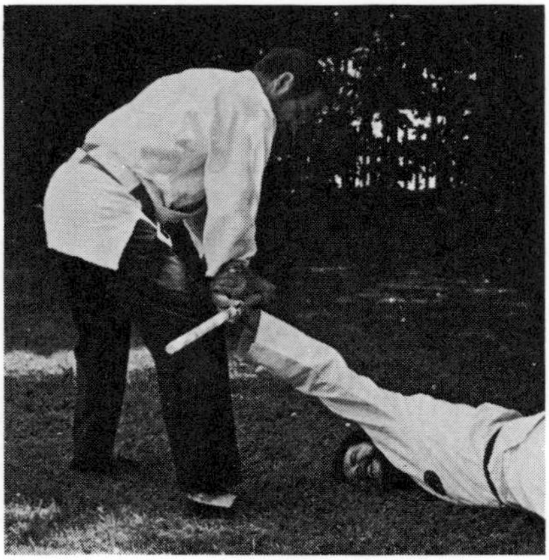

338

Vielfältigkeitsprinzip: Die Kombination eignet sich z. B. weiter zur Abwehr folgender Angriffe
Handgelenk diagonal fassen,
Beide Hände fassen ein Handgelenk,
Würge von vorne,
Fassen der Revers,
Ärmelfassen.

339

Angriff: Stockschlag von oben.

Verteidigung: Ausweichen nach außen und kurzer Schlag horizontal zum Solar Plexus (Abb. 339),

340

Fassen des Schlagarmes und Armstreckhebel zum Boden (Abb. 340),

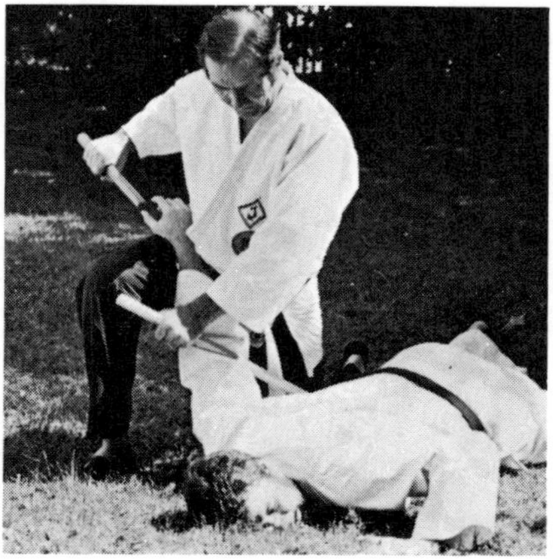

341

Abnehmen der Schlagwaffe (Abb. 341).

Vielfältigkeitsprinzip: Die Kombination eignet sich z. B. weiter zur Abwehr folgender Angriffe
Schlag mit langem Stock beidhändig von oben,
Messerstich von oben,
Würgegriffansatz von vorne,
Rückhandschlag,
Stockschlag von innen,
Messerstich von innen.

342

Angriff: Stockschlag von außen.

Verteidigung: Handkantenblock links mit Längsstoß einhändig zum Hals (Abb. 342),

343

Armbeugehebel (Abb. 343–344),

Festlegen am Boden und Entwaffnen (Abb. 345).

Vielfältigkeitsprinzip: Die Kombination eignet sich z. B. weiter zur Abwehr folgender Angriffe
Ohrfeige,
Schwinger,
Würgegriffansatz von vorne.

344

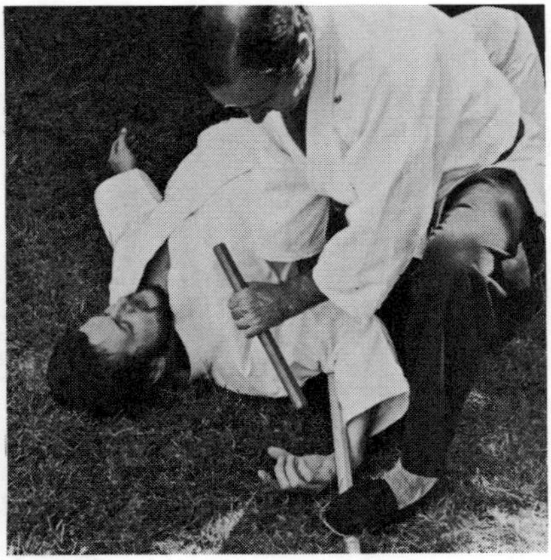

345

346

Angriff: Gerader Fußtritt von vorne.

Verteidigung: Kurzes Blocken oder Fegen von außen oder innen mit dem unteren Teil des Stocks gegen das Bein (Abb. 346),

347

Beinriegel im Stand mit Fußtritt vorwärts (Abb. 347),

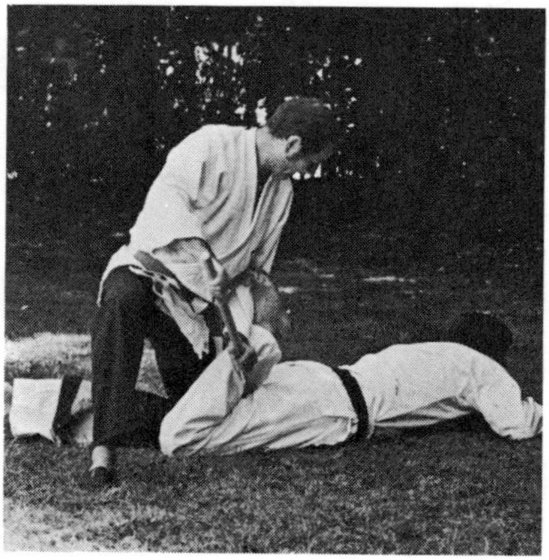

348

Beindrehen und Abwurf des Angreifers in Bauchlage, Beinbeugehebel als Festlegetechnik (Abb. 348).

349

350

Kombinationen mit Wurftechniken

Angriff: Beidhändiges Fassen des Stocks am vorderen Teil.

Verteidigung: Den Angreifer in seiner Bewegung beim Zufassen weiterführen und im Kreisbogen aufwärts, rückwärts abwerfen. Die Bewegung gleicht der einer zurückschlagenden Meereswelle (Abb. 349–350).

351

Angriff: Beidhändiges Fassen des Stocks am vorderen Teil.

Verteidigung: Den Zug des Angreifers am Stock nach oben weiterführen, unter den Armen den Körper schnell 180 Grad um die eigene Längsachse drehen und den Angreifer mit Schwertwurf rückwärts abwerfen (Abb. 352–354).

352

353

354

Angriff: Beidhändiges Fassen des Stocks in der Mitte und ziehen (Abb. 355).

Verteidigung: Den Zug dicht am Körper des Angreifers vorbei nach oben weiterführen, Körperdrehung 180 Grad um die eigene Längsachse und Abwurf des Angreifers rückwärts über das zur Sperre ausgestellte Bein. Entwinden des Stocks und Längsstoß nach unten (Abb. 356–360).

355

356

357

358

359

360

361

Angriff: Stockschlag von innen.

Verteidigung: Kurzer Block von außen mit dem oberen Teil des Stocks vertikal gegen den Schlagarm (Abb. 361),

Stockwürge und Fußwurf (kleine Außensichel) (Abb. 362),

Längsstoß nach unten (Abb. 363–364).

362

Vielfältigkeitsprinzip: Die Kombination eignet sich z. B. weiter zur Abwehr folgender Angriffe
Gerader Faustстоß,
Stockschlag von oben,
Würgegriffansatz von vorne.

363

364

365

Angriff: Stockschlag von außen.

Verteidigung: Kurzer Block von innen mit dem oberen Teil des Stocks vertikal gegen den Schlagarm (Abb. 365),

Stockwürge (Abb. 366),

Beinwurf (Große Außensichel) (Abb. 367),

Festlegegriff im Boden und Entwaffnen (Abb. 368).

366

Vielfältigkeitsprinzip: Die Kombination eignet sich z. B. weiter zur Abwehr folgender Angriffe
Schwinger,
Ohrfeige,
Würge von vorne mit beiden Händen,
Würge von hinten mit beiden Händen,
Würge von vorne mit einer Hand und Schlag.

367

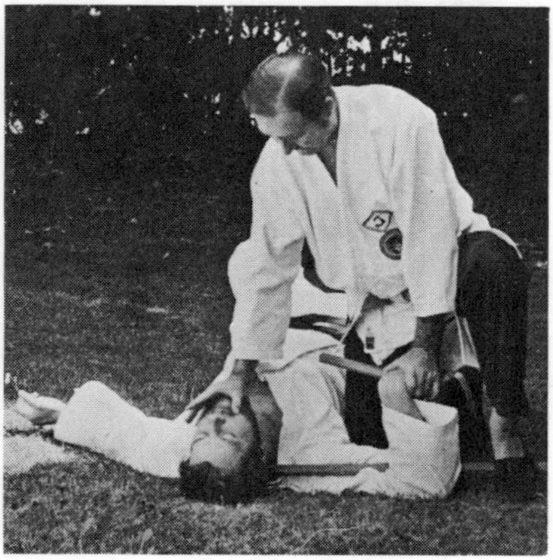

368

369

Angriff: Würge von vorne mit beiden Händen.

Verteidigung: Kurzer Schlag horizontal zum Solar Plexus (Abb. 369),
Stock zwischen die würgenden Arme schieben und Angreifer mit Körperwurf werfen (Abb. 370–371),
Stockschlag von oben (Abb. 372–373).

Vielfältigkeitsprinzip: Die Kombination eignet sich auch gegen
Fassen beider Revers,
Würge von hinten mit beiden Händen.

370

372

371

373

Angriff: Würge von hinten mit beiden Händen.

Verteidigung: Stock rückwärts unter die Achsel des Angreifers schieben (Abb. 374), Hüfte unter dessen Schwerpunkt setzen und mit Hüftwurf werfen (Abb. 375)

374

375

Weit ausgeholter einhändiger Stockschlag zum Körper (Abb. 376)

376

377

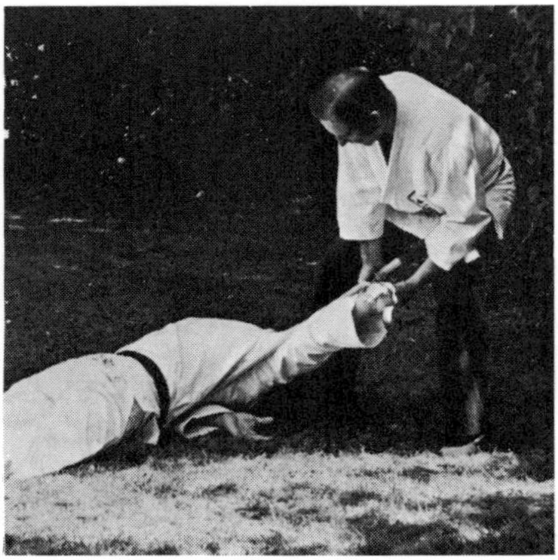

378

Mit umgekehrtem Armstreckhebel am Boden festlegen (Abb. 377–378).

Vielfältigkeitsprinzip: Die Kombination eignet sich z. B. weiter zur Abwehr folgender Angriffe
Stockschlag von außen,
Schwinger,
Ohrfeige (jeweils vor den Eingang zum Hüftwurf noch kurzen Block mit oberem Teil des Stocks vertikal von innen gegen den rechten Schlagarm setzen, dann linker Hüftwurf).

Angriff: Umklammerung von vorne unter den Armen.

Verteidigung: Seitstoß gegen den Hals (Abb. 380),

Stock um die Kniekehlen des Angreifers legen und mit Zug der Hände und Druck der Schulter den Angreifer nach hinten abwerfen (Abb. 381–382).

In Bauchlage um 180 Grad drehen und mit Beinhebel (Abb. 383)
oder Fußdrehhebel festlegen
(Abb. 384).

Vielfältigkeitsprinzip: Die Kombination eignet sich z. B. weiter zur Abwehr folgender Angriffe
Umklammerung von vorne über den Armen,
Würge von vorne mit beiden Händen,
Fassen der Revers mit beiden Händen.

379

380

381

382

383

384

385

Angriff: Stockschlag von oben.

Verteidigung: Stockfegen mit dem oberen Teil des Stocks vertikal von außen gegen den Arm (Abb. 385).

Arm weiterführen im Kreisbogen nach unten und hinten (Abb. 386–387),

Stock in die Ellenbogenbeuge einschieben (Abb. 388),

zum Kreuzfesselgriff weiterdrehen (Abb. 389) und den Angreifer durch Weiterführen nach vorne abwerfen (Abb. 390).

Vielfältigkeitsprinzip: Die Kombination eignet sich z. B. weiter zur Abwehr folgender Angriffe
Stockschlag von innen,
Messerstich von oben,
Messerstich von unten.

386

387

388

389

390

Varianten

(zu Stockhaltung, Block-, Schlag- und Stoßtechniken)

Der Stock wird – im Gegensatz zu den bisher gezeigten Techniken – im Untergriff an einem Stockende gehalten und unter den Arm so eingeklemmt, daß das andere Stockende nach hinten zeigt. Die freie Hand wird schützend und abwehrbereit vor den Körper gehalten (Abb. 391).

391

Angriffe werden entweder mit der Schwerthand abgewehrt (Handfegen, Handkantenblock) und mit dem Stock gekontert oder nacheinander mit dem Stock abgewehrt (Blocken, Fegen, Ableiten) und dann gekontert.

Die mit dem Stock verstärkten Unterarmblöcke entsprechen den im Ju Jutsu gebräuchlichen Techniken, nämlich Unterarmblock nach oben, von außen, von innen, Tiefblock. Der Stock wird dabei dicht an der Kleinfingerseite gegen den Unterarm gehalten.

Zu den Kontertechniken zählen Stockstiche und Stockschläge. Die Schläge werden als Rückhandschläge (Wirbelschläge) im Handgelenk gedreht und nach allen Richtungen ausgeführt.

Die Block- und Schlagtechniken ähneln entsprechenden Techniken mit dem Nunchaku.

Zu den wichtigsten zählen:

Rückhandschläge vor dem Körper über Kreuz,

Rückhandschläge von unten nach oben,

Blocktechniken,

- nach oben,
- von außen,
- von innen,
- Tiefblock,

Stockstich einhändig.

392

Angriff: Messerstich von oben.

Verteidigung: Handfegen von außen (Abb. 392),

Rückhandwirbelschlag zum Kopf (Abb. 393–394).

393

394

Vielfältigkeitsprinzip: Die Kombination eignet sich z. B. weiter zur Abwehr folgender Angriffe
Stockschlag von oben,
Stockschlag von innen,
Gerader Fußtritt von vorne,
Stockschlag von außen (mit Handkantenblock von innen),
Messerstich von unten (mit Handkantenblock von oben).

395

Angriff: Stockschlag von oben.

Verteidigung: Unterarmblock nach oben (Abb. 395),
Rückhandwirbelschlag zum Gesicht (Abb. 396–397),

oder Einhandlängsstoß zum Hals oder Körper (Abb. 398).

Vielfältigkeitsprinzip: Die Kombination eignet sich z. B. weiter zur Abwehr folgender Angriffe
Gerader Fauststoß zum Gesicht,
Messerstich von oben.

396

397

398

Angriff: Fußtritt von vorne.

Verteidigung: Tiefblock (Abb. 399), Rückhandwirbelschlag (Abb. 397), oder Einhandlängsstoß (Abb. 398).

Vielfältigkeitsprinzip: Die Kombination eignet sich auch gegen alle Arten von Schlägen, Stößen, Tritten mit entweder Unterarmblock nach oben oder nach unten (Tiefblock), Unterarmblock von außen oder von innen, mit nachfolgendem Rückhandwirbelschlag.

399

400

401

Angriff: Würgen mit beiden Händen von vorne.

Verteidigung: Handspitzenstich gegen Kehlkopf (Abb. 400),

Ausweichen rückwärts, Rückhandwirbelschlag von unten nach oben gegen den Unterleib (Abb. 401).

Vielfältigkeitsprinzip: Die Kombination eignet sich z. B. weiter zur Abwehr folgender Angriffe
Umklammerung von vorne unter und über den Armen,
Griff beider Revers,
Würge mit einer Hand und Schlag,
Gerader Faustst oß vorwärts,
Ohrfeige,
Schwinger,
Stockschlag von außen,
Messerstich von außen (jeweils mit Handkantenblock von innen).

Selbstverteidigung auf der Straße

Als Einführung zu diesem Kapitel zeigen wir Selbstverteidigungsaktionen, die von einer Frau mit dem Regenschirm ausgeführt werden. Hierbei stellt sich die Frage, inwieweit eine Selbstverteidigung der Frau überhaupt sinn- und zweckvoll ist.

Die Selbstverteidigung erfreut sich beim weiblichen Geschlecht großer Beliebtheit. Immerhin 37% der Frauen und Mädchen im Deutschen Judo-Bund e. V. betreiben Ju Jutsu. Die Diskussion über die Zweckmäßigkeit einer Selbstverteidigung der Frau hat in den letzten Jahren in Fachkreisen und bei der Polizei zu unterschiedlichen Meinungen geführt, die in den Medien verbreitet zu einiger Verwirrung geführt haben. Darum ist es angebracht, an dieser Stelle auf inzwischen vorliegende wichtige Erkenntnisse hinzuweisen.

Die Mentalität des weiblichen Wesens und das Verhalten der Frauen läßt ein Selbstverteidigungsbedürfnis erkennen.

Notlagen mobilisieren bekanntlich ungeahnte Kräfte. Diese Kräfte müssen planmäßig gesteuert und auf ein gezieltes Handeln gelenkt werden. Die gezielte Selbstverteidigung ist daher erfolgreicher als planlose Gegenwehr.

Hilfsmittel wie Sprühdosen, Gaspistolen, Alarmgeräte usw., immer wieder als der Weisheit letzter Schluß angepriesen, sind häufig bei plötzlichen Angriffen nicht greifbar oder gehen in der Aufregung nach hinten los.

Daher werden Selbstverteidigungslehrgänge für Frauen und Mädchen heute auch aus der Sicht der Polizei befürwortet und von den Landeskriminalämtern unterstützt.

Die Ausbildungs- und Prüfungsordnung Ju Jutsu gilt für Männer und Frauen gleichermaßen. Entsprechend werden den Frauen auch die gleichen Techniken zur Selbstverteidigung gelehrt, obwohl sich in der Praxis nicht alle Techniken gleich gut für Frauen eignen. Eine sorgfältige Auswahl für den persönlichen Gebrauch im Ernstfall ist daher unerläßlich.

In der Regel ist der Mann der Frau körperlich an Kraft überlegen. Der Lehrstoff für Kurzlehrgänge der praktischen Selbstverteidigung muß auf wenige, sehr wirkungsvolle Techniken beschränkt werden, die auch für Frauen in jeder Situation anwendbar sind.

So sind Schläge, Tritte, Hand- und Fingerstiche ganz gezielt gegen die empfindlichen Körperstellen zu richten. Hebeltechniken sollen vorwiegend gegen die schwächeren Gelenke des Angreifers wie Finger- und Handgelenke gerichtet werden. Wurftechniken gelingen leicht, wenn sie schnell und überraschend angesetzt werden.

Hat sich die Frau zur Selbstverteidigung entschlossen, muß sie im Ernstfall konsequent und rücksichtslos handeln, andernfalls wird sie ein Opfer ihres Mutes. Das gilt insbesondere bei Sexualtätern. Gegen Täter, die nicht aggressiv werden, ist in jedem Fall nur psychologischer Widerstand zu leisten. Erfolgt jedoch ein aggressiver Angriff, ist die gezielte und gekonnte Selbstverteidigung besser als planloses Handeln.

Darum ist die Empfehlung auch für

Frauen richtig: Erlernen Sie die Selbstverteidigung!
Eine Frau muß aber auch erkennen lernen, ob Widerstand im Extremfall noch sinnvoll ist oder lebensgefährliche Folgen haben kann. Die reale Einschätzung einer Lage ist Bestandteil einer sinnvollen Selbstverteidigung.

Verteidigung ...

Verteidigung mit einem Stock gegen zwei Gegner, die gleichzeitig angreifen (Abb. 402–405).

402

403

404

405

Tips für die Praxis

Vermeiden Sie das Alleingehen auf dunklen Wegen. Nehmen Sie lieber einen Umweg in Kauf. Eine Fahrt im Taxi ist sicherer.
Gehen Sie auf einsamen Straßen oder Wegen nicht direkt an Häusern oder Buschwerk entlang, sondern auf der Mitte der Straße.
Fühlen Sie sich verfolgt, wechseln Sie die Straßenseite, um festzustellen, ob der Verdacht stimmt. Versuchen Sie in die Nähe von Passanten oder bewohnten Häusern zu kommen. Kommt der Verfolger näher, ruhig und gefaßt bleiben. Ein Angriff ist weniger gefährlich, wenn man darauf vorbereitet ist. Es ist im letzten Moment besser, sich dem Angreifer zuzuwenden, um den Angriff von vorne erkennen und entsprechend reagieren zu können.
Es ist keine Schande, um Hilfe zu rufen. Rufen und Schreien ist eine zusätzliche und wirksame Hilfsmaßnahme. Energisches Handeln und lautes Schreien wirken oft Wunder.
Bei einer Belästigung muß man den Grad der Gegenwehr der Situation anpassen. Die ungeschickte Annäherung eines jungen Mannes ist noch kein Angriff. Einige gute Worte haben hier schon manche Situation elegant gerettet.
Zur Selbstverteidigung gibt es Hilfsmittel, die von Frauen häufig mitgeführt werden und wertvolle Dienste leisten können. Zum Beispiel Handtasche und Schlüsselbund als Schlag- und Wurfwaffen; Nagelschere, Nagelfeile, Kamm mit spitzem Stiel als Reiß- und Stichwaffen; Schuhspitzen und spitze Absätze zum Treten.

Der Regenschirm ist ein besonders geeigneter Gegenstand, mit dem man sich gut verteidigen kann. Die Beispiele im folgenden Kapitel machen das deutlich.

Selbstverteidigung der Frau mit Regenschirm

Angriff: Belästigung einer Frau mit Umfassen der Taille und gewaltsamem Heranziehen (Abb. 406).

Verteidigung: Längsstoß mit Schirmgriff zum Kehlkopf und Befreiung aus der Umklammerung (Abb. 407),

Hebelung des langgestreckten Arms mit Drehstreckhebel am Ellenbogengelenk (Abb. 408),
Kniestoß oder Fußtritt zum Gesicht (Abb. 409).

406

407

408

409

410

Angriff: Würge mit beiden Händen von vorne (Abb. 410).

Verteidigung: Seitstoß mit der Mitte des Schirms horizontal von oben auf die Würgearme (Abb. 411),
dann sofort Seitstoß gegen Gesicht oder Hals (Abb. 412–413).
Der zu Boden gegangene Angreifer wird ganz außer Gefecht gesetzt mit Längsstoß gegen den Unterleib oder entsprechendem Fersenstoß
(Abb. 414).

411

412

413

414

Vielfältigkeitsprinzip: Die Kombination eignet sich z. B. weiter zur Abwehr folgender Angriffe.
Umklammerung von vorne unter den Armen,
Umklammerung von vorne über den Armen.

Angriff: Würge mit beiden Händen von hinten (Abb. 415).

415

416

Verteidigung: Kinn an- und Schultern hochziehen, Halsmuskeln anspannen; so schützt man den Kehlkopf vor Verletzungen und lockert den Würgegriff. Längsstoß nach hinten gegen Solar Plexus oder den Unterleib (Abb. 416).

417

Schirm unter die Achsel des Angreifers stecken und Hüfte unter seinen Körperschwerpunkt setzen (Abb. 417).

418

Durch Strecken der leicht gekrümmten Beine Ausheben und mit eigener Körperdrehung diagonal um die Längsachse abwerfen (Abb. 418).

419

Schlag oder Stoß mit Schirm nachsetzen (Abb. 419).

Angriff: Belästigung einer Frau mit Umfassen von hinten unter den Armen (Abb. 420).

Verteidigung: Längsstoß rückwärts gegen Gesicht oder Kehlkopf und damit Lösen der Umklammerung (Abb. 421),

Schirmlängsstoß rückwärts gegen Unterleib bricht das Gleichgewicht des Angreifers nach vorne (Abb. 422–423).

Weit ausgeholter Schlag mit Schirmgriff in das Genick oder Fußtritt von vorne zum Gesicht möglich (Abb. 424–425).

420

421

422

423

424

425

426

427

428

429

430

431

Angriff: Fassen eines Handgelenks mit beiden Händen und Zug ins nahe Gebüsch (Abb. 426).

Verteidigung: Schirm über beide Handgelenke legen und im Kreuzgriff von unten fassen, Handgelenke schmerzhaft hebeln (Abb. 427),

Angreifer nach vorne aus dem Gleichgewicht bringen, Fußtritt in den Unterleib (Abb. 428–429).

Kurzer Schlag mit dem Schirm seitlich gegen den Hals, Angreifer geht zu Boden (Abb. 430).

Nachsetzen mit weitausgeholtem Schirmschlag von oben oder mit Fußtritt oder -stoß (Abb. 431).

Vielfältigkeitsprinzip: Die Kombination eignet sich z. B. weiter zur Abwehr folgender Angriffe
Fassen eines Handgelenks diagonal,
Fassen beider Handgelenke.

Selbstverteidigung mit Spazierstock gegen mehrere Angreifer

Die Selbstverteidigung ist im Ernstfall eine Nervensache. Nur wer die Technik beherrscht, sich in der Gewalt hat, ruhig und gelassen bleibt, wird in der Lage sein – mit und ohne Stock –, sich und seine Rechte erfolgreich zu verteidigen. Die nachfolgenden Beispiele zeigen Möglichkeiten, wie vielfältig Angriffe ablaufen können. In der Realität sind alle gestellten Angriffssituationen in der Reihenfolge austauschbar.
Es ist sehr wichtig, sich immer sofort nach einer Abwehraktion vom Angreifer zu lösen, so lange noch ein anderer im Gefecht ist, von dem ein Angriff erwartet werden kann (Abb. 432).

432

433

Angriff: 1. Angriff – Stockschlag von oben (Abb. 433),
2. Angriff – Messerstich von oben (Abb. 436).

Verteidigung: 1. Verteidigung – Stockfegen gegen die Schlagwaffe (Abb. 433–434), Längsstoß mit Stockgriff zum Gesicht (Abb. 435).
2. Verteidigung – Längsstoß mit Stockspitze zum Solar Plexus (Abb. 436). Weit ausgeholter Stockschlag einhändig zum Kopf (Abb. 437).

434

436

435

437

438

Angriff: 1. Angriff – Stockschlag von oben (Abb. 438),
2. Angriff – Messerstich von oben (Abb. 443).

Verteidigung: 1. Verteidigung – Seitblock mit der Mitte des Stocks horizontal nach oben (Abb. 438–439),
Fußtritt vorwärts (Abb. 440).
Kurzer Stockschlag horizontal zum Gesicht mit Beinwurf (Große Außensichel) (Abb. 441).

439

440

441

2. Verteidigung – Seitstoß mit der Mitte des Stocks gleichzeitig gegen Gesicht und Sticharm (Abb. 442–443),

Fußwurf (kleine Innensichel) (Abb. 444).

Weit ausgeholter Stockschlag vertikal einhändig (445–446).

442

443

445

444

446

447

448

449

Angriff: 1. Angriff – Messerstich von oben (Abb. 447).
2. Angriff – Umklammerung von hinten unter den Armen (Abb. 449).

Verteidigung: 1. Verteidigung – Längsstoß mit der Eisenspitze zum Kehlkopf – sehr gefährlich (Abb. 448)!

450

2. Verteidigung – Stockstich auf den Handrücken (Abb. 450),

Beindurchzug (Abb. 451),

Fußstreck- oder -drehhebel (Abb. 452),

Festlegen am Boden und weit ausgeholter Stockschlag mit Schwertgriff (Abb. 453).

451

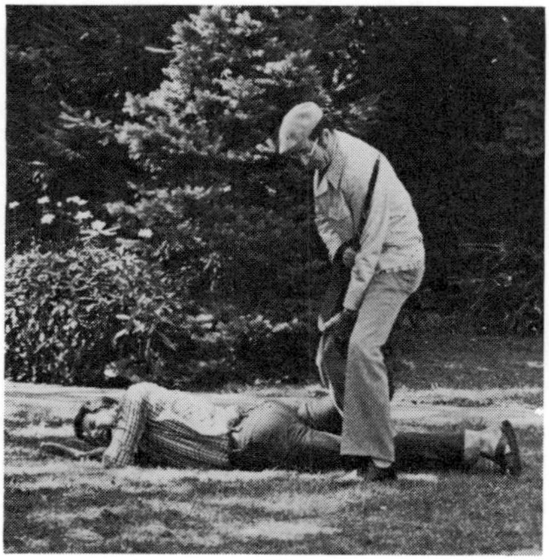

452

453

454

Angriff: Beide Angreifer umfassen rechts und links mit beiden Händen je ein Handgelenk und versuchen, den Überfallenen fortzuziehen (Abb. 454).

Verteidigung: 1. Verteidigung – Fußstoß seitwärts (Abb. 455–456) gegen das Kniegelenk innen,

2. Verteidigung – schmerzhafter Handsperrhebel (Abb. 457–458),

455

456

457

458

459

460

461

Angreifer wird in den Kniestand gezwungen (Abb. 459).

Gerader oder Halbkreisfußtritt zum Kopf (Abb. 460).

Kurzer Seitstoß mit dem Stock gegen den Hals des liegenden Angreifers (Abb. 461).

462

463

464

465

Angriff: Ein Passant wird um Feuer gebeten und soll dann zusammengeschlagen werden. Der Angriff beginnt, sobald der Passant das Feuerzeug wieder in die Tasche steckt und daher nur eine Hand frei hat (Abb. 462).

1. Angriff – Schwinger zum Kopf (Abb. 463).

2. Angriff – Umklammerung von hinten und wegziehen (Abb. 466).

Verteidigung: 1. Verteidigung – Unterarmblock gegen Schlagarm (Abb. 464), Faustrückenschlag zum Gesicht (Abb. 465),

466

467

468

Stockschlag vertikal von unten nach oben gegen den Unterleib (Abb. 466–467).

Gerader Fußtritt nach vorne (Abb. 468).

2. Verteidigung – Nierenpresse mit dem Stock (Abb. 469),

Hüftrad (Abb. 470–471),

Weit ausgeholter Stockschlag vertikal mit Schwertgriff (Abb. 472–473).

469

470

471

472

473

474

475

476

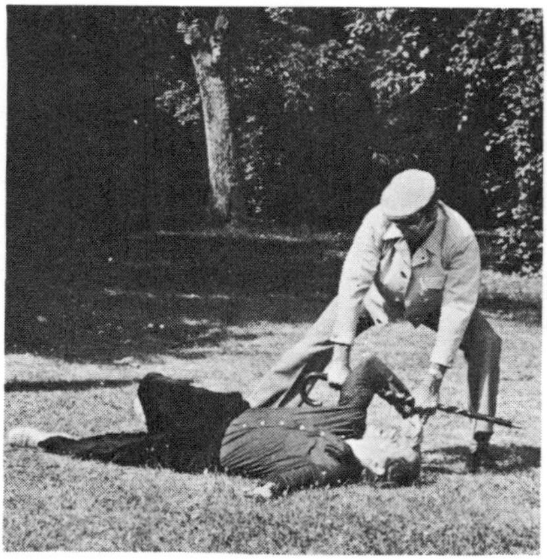

477

Angriff: 1. Angriff – von außen diagonaler Messerschnitt über das Gesicht (Abb. 474).

2. Angriff – Schwungschlag mit Eisenkette horizontal zum Gesicht (Abb. 478).

Verteidigung: 1. Verteidigung – Hineingehen in den Angreifer und Abwehr des Messerarms mit Handkantenblock (Abb. 475),

Armbeugehebel im Stand und Durchreißen des Hebels mit Bruch oder schwerer Überdehnung des Ellenbogengelenkes, Abwurf des Angreifers (Abb. 476–477).

2. Verteidigung – Kettenschlag mit Vertikalstockhaltung abfangen, Längsstoß zum Hals (Abb. 478–480), Fußtritt in den Unterleib (Abb. 481).

Weit ausgeholter Stockschlag einhändig, horizontal zum Gesicht (Abb. 482–483).

478

479

480

481

482

483

484

485

486

Angriff: 1. Angriff – Würge von hinten mit einer Eisenkette (Abb. 484).

2. Angriff – Stockschlag von außen (Abb. 487).

Verteidigung: 1. Verteidigung – Kinn an- und Schultern hochziehen, Halsmuskeln spannen (Abb. 484),

Körperdrehung um 180 Grad nach außen und Eingang für Beinwurf (Große Außensichel), Seitstoß mit einem Ende des Stocks gegen den Hals und Abwurf des Angreifers (Abb. 485–486).

2. Verteidigung – Vertikalblock mit dem oberen Teil des Stocks gegen den Schlagarm (Abb. 487–488),

Stock unter die Achsel drehen und Abwurf mit linkem Hüftwurf (Abb. 489–490),

weit ausgeholter Stockschlag vertikal mit Schwertgriff (Abb. 491–492).

487

488

489

490

491

492

Übungskampf (Randori)

Im Übungs- und Trainingsplan (ÜTP) für Ju Jutsu (siehe auch Band 2, »Ju Jutsu für Fortgeschrittene und Meister«, Seite 147) ist die 4. Gruppe der Perfektionsschulung in verschiedene Stufen unterteilt. Bis zur 5. Stufe geht es um das Üben oder Trainieren (mit Leistungsbedingungen) einer oder mehrerer Techniken (Kombinationen) mit einem Partner, der sich bei angesagten Angriffen verabredungsgemäß verhält.
In der 6. Stufe greift der Partner frei an, verhält sich aber im Verlaufe der Abwehrkombinationen immer noch verabredungsgemäß. Das heißt, er paßt sich den vorgeplanten, sinnvollen Kombinationen von Abwehrtechniken des Verteidigers an.
Erst die 7. Stufe fordert das wechselseitige, freie Angreifen und Verteidigen in der Form des japanischen Randori. Hier sollen die Abwehr- und Angriffstechniken gegen den leichten Widerstand des Partners durchgesetzt werden. Wenn der Partner nicht mehr locker mitgeht (wie in den Stufen davor) und sich stattdessen leicht sperrt oder sich mit Gegenbewegungen und -aktionen verteidigt, bringt nur noch eine gut ausgeführte Technik den gewünschten Erfolg. Das Zeit- und Distanzgefühl spielen jetzt eine ebenso wichtige Rolle wie die bekannten Energie- und Bewegungsprinzipien. Jetzt bringen wir auch die Weiterführungstechniken ins Spiel, die die Gegenbewegung des Partners ausnutzen. Der Partner seinerseits versucht locker, eine schwache Technik durch eine Gegentechnik zu kontern.
Aus den Aktionen und Gegenaktionen entsteht der Übungskampf, der zu größerer Griff- und Kombinationssicherheit, dem richtigen Bewegungsfluß, sowie verbesserter Reaktion und Kondition hinführt. *Auf keinen Fall darf mit letzter Kraft gegeneinander angegangen werden. Das bleibt dem freien Kampf vorbehalten. Beim Randori dagegen sollte uns die erfolgreiche Technik des Partners genau so erfreuen, wie die eigene.*
Diese Übung als eine Vorstufe zum Freikampf und Ju-Jutsu-Wettkampf kann erst sinnvoll praktiziert werden, wenn auch die Weiterführungs- und Gegentechniken beherrscht werden. Ist dies nicht der Fall, bleibt es bei technischen Versuchen, die von der anderen Seite mit mehr oder weniger Gewalt abgeblockt werden, ohne hieraus selbst einen technischen Nutzen ziehen zu können.
Die nachfolgenden Beispiele zeigen, wie die Techniken angesetzt, durch Gegenbewegungen gestört, mit Weiterführungstechniken vollendet oder mit Gegentechniken gekontert werden. Solche Bewegungsabläufe sollen sich im Randori frei entwickeln. Hierbei den Partner zu täuschen, zu überlisten oder zu kontern und ihn durch die Bestimmung des Tempos konditionell zu ermatten, sind erlaubte Mittel, die das Randori zu einer besonders interessanten Übungs- und Trainingsform machen.
Bis zum Freikampf – als eine Form des wettkampfmäßigen Übens gedacht – ist es jetzt kein weiter Weg mehr. Der Widerstand muß von jeder Seite langsam verstärkt werden und findet seinen

Höhepunkt im optimalen Kräftevergleich. *Fingerhebel und Fingerstiche sind zu unterlassen, da sie bei Widerstand leicht zu Verletzungen führen können. Alle Techniken dürfen nur mit kontrolliertem Kontakt ausgeführt werden, wie das im Kapitel »Freie Abwehr mehrerer Angreifer« ausführlich beschrieben ist.*

Die folgenden Fotos sind während eines Dan-Vorbereitungslehrgangs im November 1978 in Wiesbaden aufgenommen worden.

Randori I

Angriff von 1: Schlag mit kurzem Stock einhändig von oben (Abb. 493).

Verteidigung von 2: Schrittdrehung nach außen mit Unterarm-/Handfegen (Abb. 494).

Rückriß im Ansatz (Abb. 495).

494

493

495

496

Gegenbewegung von 1: Schritt rechts rückwärts zur Wahrung und Stabilisierung des Gleichgewichts (Abb. 496). Gegenangriff von 1: Stockschlag von innen mit Körperdrehung nach hinten (Abb. 497).

Verteidigung und Gegentechnik von 2: Unterarmblock von innen (Abb. 497) und Doppelhandsichel von hinten mit Übergang zum Beinbeugehebel im Boden und anschließendem Armbeugehebel mit Aufhebegriff (Abb. 498–503).

497

499

498

500

501

502

503

Randori II

Angriff von 1: Schwinger rechts zum Kopf (Abb. 504).
Verteidigung von 2: Schulterwurf (Abb. 505–506).
Gegentechnik von 1: Fußtritt aus der Bodenlage rückwärts zum Kopf (Abb. 507).

504

505

508

509

Verteidigung von 2: Handkantenblock und anschließend Beinriegel (Abb. 507–509).

Gegentechnik von 1: Fersenrückwurf mit Nachgehen in der Bodenlage zum Fauststoß (Abb. 510–511).

506

507

510

511

512

513

516

517

Gegentechnik von 2: Handfegen aus der Rückenlage, Seitstreckhebel (Abb. 512–514).

Gegentechnik von 1: Arm krümmen, Körper nachziehen, Befreiung aus Seitstreckhebel und Übergang zum Stand (Abb. 515–517).

Weiterführungstechnik von 1: Armstreckhebel am Boden mit Festlegen in Bauchlage (Abb. 518–520).

514

515

518

519

520

Freikampf

Freie Abwehr mehrerer Angreifer

Diese Art von Freikampf steht im Übungs- und Trainingsplan (ÜTP) für Ju Jutsu bei der Gruppe Perfektionsschulung an letzter Stelle. Es ist der schwierigste Teil des Prüfungsprogrammes für Dan-Grade. Die freie Abwehr eines frei angreifenden Gegners wird bereits ab 3. Kyugrad verlangt.

Ersatzweise kann seit 1. Januar 87 ein Übungskampf nach den Ju-Jutsu-Wettkampfregeln gezeigt werden. Die Abwehr bewaffneter Angreifer bleibt hiervon unberührt.

Ausführlich wurde die »freie Abwehr mehrerer Angreifer« im Band 2 »Ju Jutsu für Fortgeschrittene und Meister« unter dem Gesichtspunkt der realitätsbezogenen Selbstverteidigung im Ernstfall behandelt. Die gleichen Gesichtspunkte gelten – neben sportlichen – selbstverständlich auch für den Freikampf im Prüfungsprogramm. Der Prüfling hat nachzuweisen, daß er im Ernstfall mindestens zwei Angreifer wirkungsvoll abwehren kann. Das muß gut geübt und trainiert werden.

Der Freikampf setzt neben dem technischen Können eine gute Kondition voraus. Um Verletzungen zu vermeiden, tragen die Angreifer zumindest einen Brustschutz; ein Kopfschutz ist nicht verboten.

Die Angriffe sind in drei Gruppen zu trennen:

Kontaktangriffe: Die Abwehr darf erst beginnen, wenn die Angreifer mit Fassen, Würgen oder Umklammern Kontakt zum Verteidiger genommen haben.

Angriffe ohne Kontakt und ohne Waffen: Der Verteidiger wird mit Treten, Schlagen, Stoßen attackiert.

Angriffe ohne Kontakt mit Waffen: Der Verteidiger kann sich erfolgreich wehren, indem er einen Angreifer entwaffnet und diesen mit der Waffe zur Abschreckung der anderen in Schach hält (Messer z. B. beim Kreuzfesselgriff von hinten an den Hals setzen) oder mit einer abgewehrten und entwendeten Schußwaffe alle Angreifer abhält.

Zu bewerten sind bei der Abwehr: Kampfgerechtes Verhalten (Übersicht, Raumeinteilung, flüssige Bewegungen, Distanzbeherrschung, richtiges Zeitgefühl, Timing) und erfolgreiche Abwehr mit sauberen Techniken. Eine erfolgreiche Abwehr muß bestimmte Kriterien erfüllen. Atemi (Schläge, Tritte, Stöße) müssen gegen gefährdete Punkte am Körper gerichtet sein und soviel Energie erkennen lassen, daß damit im Ernstfall ein Angreifer außer Gefecht gesetzt werden würde.

Vor den ungeschützten Körperstellen sind solche Atemi abzustoppen, bei den geschützten Körperteilen (Brustpanzer) ist ein kontrollierter Kontakt mit spürbarer Wirkung notwendig. Würfe zählen als erfolgreich, wenn sie den Angreifer voll von den Beinen und mit dem ganzen Körper zu Fall bringen (Schulterwurf, Hüftwurf). Bei den sogenannten kleinen Würfen (Fußfeger, Sicheltechniken) wird sicherheitshalber eine Ate-

mitechnik nachgesetzt, um zu einem vollen Kampfpunkt zu kommen. Bei Hebeltechniken ist der Bruch eines Gelenkes während des Bewegungsablaufes der Technik an geeigneter Stelle durch demonstrative Gestik stets anzudeuten.
Als Fehler zählen: Eigene Gefährdung, indem der Verteidiger durch Schlag, Tritt, Stoß entscheidend getroffen oder selbst geworfen wird oder sich aus einem Würge-, Halte-, Klammer- oder Scherengriff nicht schnell genug befreien kann.
Die Prüfungskommission fungiert als Kampfgericht. Ein Prüfer übernimmt als Kampfrichter die Leitung auf der Matte. Die Angreifer haben den Verteidiger nacheinander mit pausenlosen Angriffen so lange zu bedrängen, bis sie mit gut erkennbaren und wirkungsvollen Abwehrtechniken im beschriebenen Sinne vom Kampfrichter nacheinander ausgezählt worden sind. Zeitweise sollen die Angreifer auf Anweisung des Kampfrichters gleichzeitig angreifen.
Die jeweils vom Kampfrichter neu formierten Gruppen kämpfen mehrere Durchgänge hintereinander über eine Gesamtkampfzeit von 3–6 Minuten, je nach Alter des Prüflings. Damit wird gleichzeitig die konditionelle Verfassung des Prüflings auf eine harte Probe gestellt.
Die Angriffe haben frei, zielstrebig und mit konsequentem Vorsatz zu erfolgen. Der Abwehr ist allerdings kein Widerstand entgegenzusetzen. Wie im Ernstfall wird unterstellt, daß dem geschulten Verteidiger für seine blitzschnellen Abwehrkombinationen der Vorteil des Überraschungseffektes zufällt.
Nach einer solchen Abwehraktion sollten die Angreifer kampfunfähig sein, denn bei einer notwendigen Wiederholung entfällt der Überraschungseffekt.
Erkennbar muß der Verteidiger zeigen, daß er auf die verschiedenartigen Angriffe schnell reagieren und sinnvolle Abwehrtechniken anbringen kann. Klammerangriffe muß er aus dem Kontakt heraus genau so sicher abwehren können wie Schläge, Tritte, Stöße sowie Angriffe mit Schlag- und Hiebwaffen aus der jeweiligen richtigen Distanz.
Es liegt an der Prüfungskommission, ob dieser Teil der Prüfung zu einem echten Leistungstest wird. Sie darf einen Angreifer daher erst auszählen, wenn er im Freikampf mit einer einwandfreien Technik abgewehrt wurde, die auch im Ernstfall den Angriff gestoppt und den Angreifer zumindest für kurze Zeit außer Gefecht gesetzt hätte.
Analog sind Bewertungskriterien aus den bekannten Wettkampfregeln des Judo und Karate anzuwenden. Solange der Angreifer nicht ausgezählt ist, setzt er seine Angriffe in der Gruppe fort, bis der Kampfrichter den Freikampf nach Zeitablauf beendet. Kommt keine entscheidend bewertbare Aktion zustande, kann das zu einer kräftezehrenden Strapaze für den Verteidiger werden, der sich dann pausenlos verteidigen muß. Die Prüfungskommission hat aber auch darauf zu achten, daß dieser Prüfungsteil durch ein gewisses Wohlverhalten der Angreifer nicht zur Farce wird und den realistischen Wert als Selbstverteidigung in Frage stellt. Nur im Kampf kann man realistisch trainieren und Erfahrung sammeln. Diese Art des wettkampfmäßigen Trainings wird mit

den heutigen Sicherheitsausrüstungen jedem möglich gemacht, der eine Selbstverteidigung ernsthaft erlernen will. Lernen heißt, stets und ständig die eigenen Qualitäten und Mängel im Kampf neu entdecken. Die Budosportarten zeigen hierfür den Weg, und im Ju Jutsu führt dieser Weg zu einer guten Selbstverteidigung.

Die nachfolgenden Fotos wurden während eines Dan-Vorbereitungslehrganges im November und während einer Dan-Prüfung im Dezember 1978 in Wiesbaden aufgenommen.

521

Abwehr von zwei Angreifern

Abwehr durch Körperrückstoß (Abb. 521),

Variante eines Schulterwurfes (Abb. 522),

Festlegen durch Beinriegel (Abb. 523).

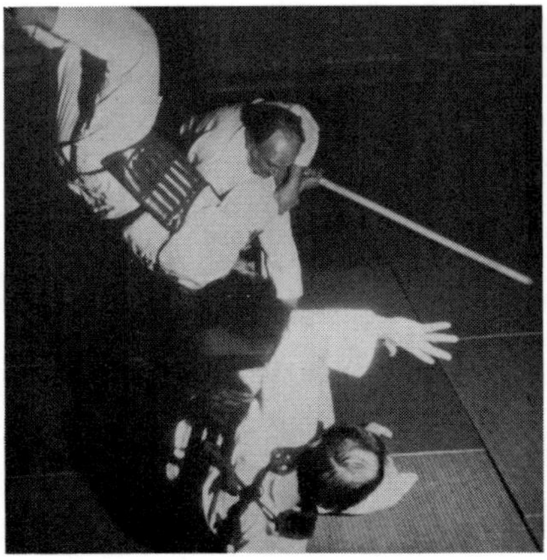

522

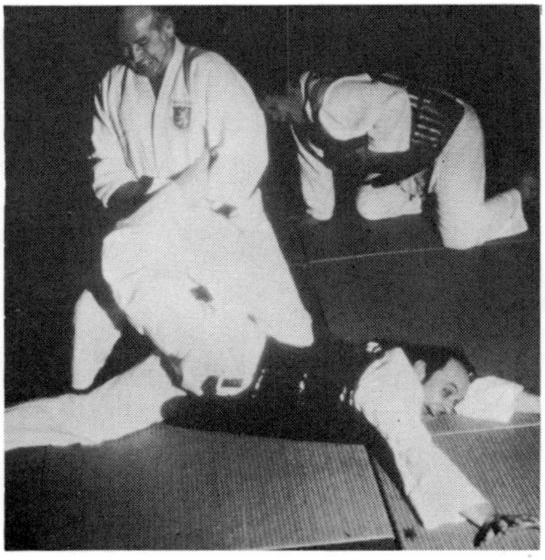

523

524

Der Angriff des ersten Gegners wird durch Fußstoß gestoppt (Abb. 524–525).

525

526

Jetzt kann sich der Verteidiger voll dem zweiten Angreifer zuwenden (Abb. 526).

527

528

529

530

531

532

Der erste Angreifer umklammert von hinten. Abwehr des zweiten Gegners durch Fußstoß vorwärts und danach den ersten durch Hüftwurf werfen (Abb. 527–528).
Angriff durch Umklammerung über den Armen (Abb. 529)
Abwehr durch Hüftwurf (Abb. 530).
Der zweite Angreifer will den Kopf umklammern – durchtauchen, mit Kleiner Außensichel werfen (Abb. 531–532).

533

Der Stockschlag wird durch Fußstoß seitwärts abgewehrt (Abb. 533) und der Angriff des zweiten Gegners mit der Kette durch einen Halbkreisfußtritt gestoppt (Abb. 534). Der erste Gegner greift wieder an und wird mit einem Hüftwurf zu Boden gebracht (Abb. 535). Einem weiteren Angriff mit der Kette wird durch einen Kopfwurf begegnet, der, in die Richtung des bereits liegenden Angreifers geworfen, diesen am erneuten Aufstehen hindert. Somit ist genügend Zeit, sich selber wieder zu erheben (Abb. 536).

534

535

536

Beispiele bekannter Ju Jutsu-Meister, Dan-Träger, Bundes- und Landestrainer

Um beim Ju Jutsu optimale Erfolge zu erreichen, sollte ein wichtiger Grundsatz beachtet werden: Jede Verteidigungshandlung ist in einer Kombination mehrerer Einzeltechniken auszuführen. Jede Selbstverteidigungstechnik (SVT) wird zuerst als Bewegungsübung gegen möglichst viele Angriffsarten praktiziert, um alle bei der Anwendung dieser Technik vorkommenden Bewegungsabläufe kennen und beherrschen zu lernen. Als zusätzliche Wirkungssteigerung kommt dann die Kombination hinzu, die sich entsprechend der im Training vielfältig zu simulierenden Ernstfallsituationen den tatsächlichen und sehr unterschiedlichen Gegebenheiten eines Angriffs anzupassen hat.
Alle Selbstverteidigungstechniken nach diesem Prinzip zu üben bedeutet, daß der Schüler bis zum Dan-Grad ein sehr bedeutendes Repertoire von Anwendungsmöglichkeiten beherrscht, wenn man die Zahl der Selbstverteidigungstechniken mit den jeweils möglichen Angriffsarten und Kombinationsformen multipliziert. Hieraus ergibt sich einmal der Nutzen des Ju Jutsu als umfassende Selbstverteidigung mit »harten« und »weichen« Mitteln, aber auch ein Zielprogramm, das Sport im allgemeinen und Sport im besonderen bedeutet. Sport im besonderen, weil er vielseitige körperliche und geistige Anforderungen stellt, leichte und schwierige Lernprozesse sowie Trainings- und Leistungseffekte einschließt und ein ausgeprägtes Bewegungsgefühl vermittelt, um die Selbstverteidigungstechnik ökonomisch gegen die unterschiedlichen Angriffsarten anwenden zu können. Diese Geistes-, Körper- und Technikschulung ist eine umfassende Grundlagenausbildung des Ju Jutsuka, auf der die *persönliche Spezialisierung* basiert.
Wie sich in anderen Budo-Kampfsportarten auch die erfolgreichen Kämpfer in der Regel auf eine kleine Auswahl von Techniken beschränken, die sie aus dem umfangreichen Ausbildungs- und Prüfungsprogramm als Spezialtechniken herausgearbeitet und für sich maßgeschneidert haben, so entwickelt auch der Ju Jutsuka auf der Basis des im Vielfältigkeitsprinzip vermittelten Ausbildungsstoffes seine Spezialtechniken und Spezialkombinationen für den Ernstfall.
Spezialisieren heißt die Techniken auswählen, die man genau kennt und für seine Person unter Berücksichtigung persönlicher Eigenarten (Größe, Gewicht, Temperament, Beweglichkeit, Mentalität, Kraft usw.) für am besten geeignet hält, in möglichst vielen Situationen erfolgreich zur Selbstverteidigung anwenden zu können. Dieser Entwicklungsprozeß setzt voraus, daß der Ju Jutsuka zuvor – wie es die Programme vorschreiben – alle Techniken studiert,

um aus der Praxis feststellen zu können, welche für ihn geeignet sind.
Durch welche Voraussetzungen wird die immer erfolgreiche Anwendung einer Spezialkombination gegen viele Angriffsarten möglich?
Der Verteidiger muß sich selbst und den Angreifer in eine zur Abwehr des Angriffes günstige Körperposition bringen. Das geschieht durch eine oder mehrere reaktionsschnelle Aktionen, wie Ausweichen, Blocken, Schocken, Gleichgewichtbrechen (durch Zug, Druck oder Kreisbewegung) oder Grifflösen. Dieses Schaffen von günstigen Voraussetzungen und die Einleitung der Abwehrhandlung gehen flüssig ineinander über, sie gehören praktisch zusammen. Das Kombinationsprinzip des Ju Jutsu wurde in den Bänden 1 und 2 eingehend in Wort und Bild behandelt.

Nachfolgend stellen wir Spezialtechniken und -kombinationen von bekannten Meistern und Bundes- und Landestrainern vor.

Spezialkombination

von *Prof. Dr. Klaus-Jürgen Schulze,* 6. Dan Judo, 5. Dan Ju Jutsu, Präsident des Deutschen Judo-Bundes e. V., Vizepräsident und Generalsekretär der European Ju-Jutsu-Federation (EJJU)

Scherensprung (Abb. 537–539),

537

538

539

Handballenstoß zum Gesicht (Abb. 540),
Übergang am Boden zum Armbeugehebel rechts (mit dem Bein gehebelt) (Abb. 541–543),
Festlegen mit Armbeugehebel links (mit dem Arm gehebelt) (Abb. 544–545) zum beiderseitigen Armbeugehebel am Boden mit Fauststoßansatz zum Gesicht (Abb. 546).

543

540

544

541

545

542

546

Diese Spezialkombination kann nach dem Vielfältigkeitsprinzip z. B. ausgeführt werden gegen:
Geraden Fauststoß,
Rückhandschlag,
Stockschlag von oben,
Stockschlag von innen,
Würge von der Seite.

548

549

Handfegen von außen (Abb. 547) und weiterführen des Schlagarms in Kreisbewegung (Abb. 548–550),

547

550

Schulterwurf (Abb. 551–553),
Abnehmen des langen Schlagstockes (Abb. 554),
Festlegen am Boden durch Armstreckhebel mit dem Stock (Abb. 555–557).

Nach dem Vielfältigkeitsprinzip ausführbar gegen:
Schlag mit dem langen Stock beidhändig von oben, von außen, von innen
Ärmel fassen
Griff in die Revers beidhändig
Körperumklammerung von hinten unter den Armen
Würge von vorne, eine Hand und Schlag
Würge von vorne, beide Hände
Würge von hinten mit dem Unterarm
Ohrfeige
Schwinger (jeweils ohne Abnehmen des Stocks und mit Festlegen durch Handdrehbeugel, Kreuzfesselgriff oder Armstreckhebel am Boden).

551

552

553

554

555

556

557

Spezialkombinationen mit dem Stock

von *Vlado Schmidt,* Stuttgart, 5. Dan Ju Jutsu, ehemaliger Sachbearbeiter für Schulung und Technik der Bundesgruppe Ju Jutsu im Deutschen Dan-Kollegium, langjähriger Spezialist für Stocktechniken und Nunchaku-Kampf

Abwehr eines Messerstiches von innen.
Ausweichen, einhändiger Stockschlag (Block) gegen den angreifenden Messerarm – Messer fällt! – (Abb. 558).
Einhändiger Stockschlag gegen Gesicht und Hals (Abb. 559),
Genickzug mit Stockgriff (Abb. 560),
Gerader Fauststoß zum Gesicht (Abb. 561).

Vielfältigkeitsprinzip:
Die Kombination eignet sich zur Abwehr von Schlägerangriffen und allen Angriffen mit Schlag- und Stichwaffe.

558

559

560

561

562

Abwehr eines geraden Fauststoßes.

Ausweichen und Stockschlag beidhändig unter die Achselhöhle (Abb. 562),

563

Drehstreckhebel (Abb. 563),

564

Weiterführen zum Kreuzfesselgriff (Abb. 564).

Vielfältigkeitsprinzip:
Die Kombination eignet sich zur Abwehr von Schlag-, Stoß-, Klammer- und Würgeangriffen.

565

Abwehr eines geraden Fauststoßes.

Ausweichen und Stockschlag beidhändig unter die Achselhöhle (Abb. 565),

566

Armstreckhebel (Abb. 566) und Abwurf mit Rolle nach vorne (Abb. 567).

567

Vielfältigkeitsprinzip:
Die Kombination eignet sich zur Abwehr von Schlag-, Stoß-, Klammer- und Würgeangriffen.

568

Abwehr eines geraden Messerstiches von vorne – Florettstich (Abb. 568). Ausweichen und einhändiger Stockschlag (Block) gegen den angreifenden Messerarm – Messer fällt! – (Abb. 568),

569

Stockschlag vor den Hals (Abb. 569) und
Weiterführen zur Stockwürge von hinten (Abb. 570).

570

Vielfältigkeitsprinzip:
Die Kombination eignet sich zur Abwehr von
Griffansätze von vorn,
Rückhandschlag,
Fußtritt vorwärts,
Stockschlag von oben (eine Hand mit kurzem Stock),
Stockschlag von oben (beidhändig mit langem Stock),
Stockschlag von innen,
Stockstich.

Spezialkombinationen

von *Kriminalhauptkommissar Adolf Klug,* Wiesbaden, 6. Dan Ju Jutsu, 1. Dan Judo, Lehrer für Selbstverteidigung im Bundeskriminalamt, Prüfungsbeauftragter der DDK-Fachgruppe Ju Jutsu Hessen

Armstreckhebel über die Schulter in Verbindung mit Fußtritt und Handballenstoß
gegen Fassen beider Handgelenke (Abb. 571–573),

571

572

573

574

575

576

gegen Messerstich von vorne – Florett-
stich – (Abb. 574–576),

577

gegen Schlag mit der Stahlrute von innen (Abb. 577–578),

578

gegen Stockschlag von außen (Abb. 579–580).

Nach dem Vielfältigkeitsprinzip weiterhin ausführbar z. B. gegen:
Handfassen,
Revers fassen,
Würge von vorne, eine Hand und Schlag,
Würge von vorne mit beiden Händen,
Ohrfeige,
Rückhandschlag,
Stockschlag von oben, eine Hand.

579

580

von *Diplom-Sportlehrer Erich Reinhardt,* 6. Dan Ju Jutsu, 3. Dan Karate, 4. Dan Judo, Sachbearbeiter für Schulung und Technik der DDK-Bundesgruppe Ju Jutsu, langjähriger Sachbearbeiter für Schulung und Technik in der DDK-Fachgruppe Ju Jutsu Hessen, Beauftragter für die Lehrerausbildung in der DJB-Sektion/DDK-Bundesgruppe Ju-Jutsu, Sportlehrer an der Landespolizeischule Wiesbaden

581

Fußstoß seitwärts im Sprung (Abb. 581), gegen freie Angriffe z. B. Schlägerangriff, Stockschläge von oben und von außen, Angriffe mit gefährlichen Gegenständen.

582

Fußstoß vorwärts – angesprungen – (Abb. 582), gegen freie Angriffe, z. B. Stockschlag von oben und von außen, Schlägerangriff, Angriffe mit gefährlichen Gegenständen.

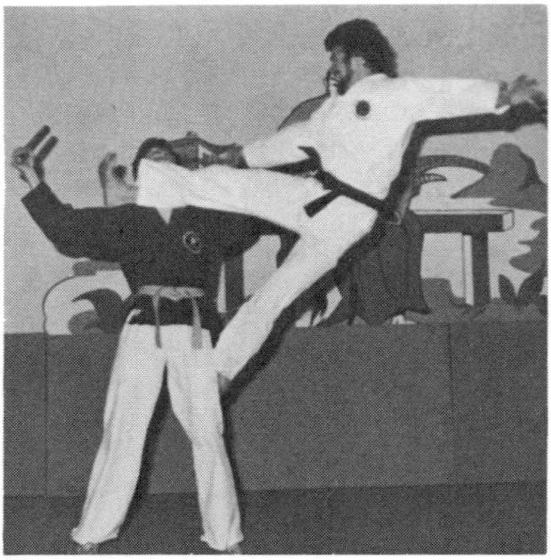

583

Scherenwurf – Sprungschere – (Abb. 583), gegen Angriffe, die noch im Ansatz sind, z. B. Stockschlag von oben und von außen, Schlägerangriff, Angriff mit gefährlichen Gegenständen.

584

Doppelfußstoß im Sprung (Abb. 584), gegen *einen* Angreifer mit Schlägerangriff, Angriff mit gefährlichen Gegenständen.

585

Doppelfußstoß im Sprung (Abb. 585), gegen *zwei* Angreifer mit Schlägerangriff, Angriff mit gefährlichen Gegenständen.

Anmerkung: Der Verteidiger muß für den Fall, daß er nach dem Doppelfußstoß im Sprung nicht wieder auf die Beine kommt, eine hervorragende Falltechnik beherrschen, die ihn auch auf hartem Boden vor Schaden bewahrt!

Spezialtechniken

von *Werner Heim,* Wiesbaden, 6. Dan Ju Jutsu, 3. Dan Judo, 1. Dan Karate, 1. Dan Hanbo-Jitsu, Ehrenvorsitzender der DDK-Fachgruppe Ju Jutsu Hessen, ehemaliger Vorsitzender der DDK-Bundesgruppe Ju Jutsu

586

Große Innensichel mit Handballenstoß (Abb. 586–587), gegen Halbkreisfußtritt, auch gegen Fußtritt von vorne und gegen Fußstoß von der Seite.

Beinrückzug mit Handfegen und Fußfeger (Abb. 588), gegen Fußtritt von vorne und kombinierten Fußtritt von vorne/gerader Faustsstoß

587

588

589

Kipphandhebel (Abb. 589), gegen Handfassen, Handgelenke fassen, Würge von vorne/beide Hände, Würge von vorne/eine Hand und Schlag, Würge von hinten/beide Hände, Gerader Fauststoß, Rückhandschlag, Stockschlag von oben/eine Hand, Stockschlag von innen, Stockschlag von oben beidhändig, Stockstich, Messerstich von oben/unten/innen/vorne, Pistolenangriff von vorne.

590

Schulterwurf mit Doppelarmfassung (Abb. 590), gegen Stockschlag beidhändig von oben und von außen, Würge mit beiden Händen von vorne und von hinten.

Spezialtechniken

von *Franz Josef Gresch,* 6. Dan Ju Jutsu, 4. Dan Judo, ehemaliger Landessportwart und Kampfrichterobmann im Hessischen Judo-Verband, langjähriger Bundeskampfrichter im DJB und Sachbearbeiter für das Prüfungswesen der Bundesgruppe Ju Jutsu im DDK, Vorsitzender der DDK-Bundesgruppe Ju Jutsu

591

Körperwurf (Abb. 591–592), gegen einen Stockangriff, Schlag von außen, auch gegen Ohrfeige, Schwinger, Würge von vorn, Würge von hinten, Griff zum Revers.

592

Große Innensichel gegen Fußtritt (Abb. 593–594), gegen Stockschlag von außen (Abb. 595–596), auch gegen Körperumklammerung von vorn unter den Armen, Ohrfeige, Messerstich von außen.

593

594

595

596

597

Kleine Innensichel (Abb. 597), gegen Stockschlag von außen, auch gegen Ohrfeige, Körperumklammerung von vorn unter den Armen, Körperumklammerung von hinten über den Armen.

598

Schulterwurf-Variation aus einem Armbeugehebel – (Abb. 598), gegen geraden Fauststoß, Stockschlag von oben.

Spezialtechniken

von *Peter Nehls,* 6. Dan Ju Jutsu, DJB-Bundestrainer der Sektion Ju Jutsu, Technischer Direktor der European Ju-Jitsu-Federation (EJJF), Vorsitzender der Sektion Ju Jutsu im Deutschen Judo-Bund e. V. und ehemaliger Vorsitzender der Bundesgruppe Ju Jutsu im Deutschen Dan-Kollegium e. V.

Fingerstich gegen Florettstich (Abb. 599), hier mit Ausweichen nach außen und Handfegen.
Diese gefährliche Technik eignet sich nach dem Grundsatz der Verhältnismäßigkeit der Mittel noch besonders gegen: Messerstiche von oben/unten/außen, Pistolenangriffen, von vorne nah und hinten nah, lebensgefährliche Würgeangriffe, insbesondere in der Bodenlage für Frauen.

Fauststoß gegen Fassen beider Revers (Abb. 600), hier mit Körperabdrehen, Unterarmblock von außen und gewaltigem Kiai.
Peter Nehls bekannter Fauststoß ist so schnell, daß man ihn nicht kommen sieht. Er ist eine Grundtechnik des 5. Kyu-Grades und eignet sich gegen 32 verschiedene Angriffsarten des Ausbildungsprogrammes.

Armstreckhebel zum Boden (Abb. 601), hier in einer Variante über das Bein des am Boden festgelegten Angreifers.
Diese sogenannte »weiche« Technik ist anwendbar gegen alle Arten von Klammerangriffen, Würgen, Schlägen, Angriffe mit Stock, Messer und Pistole.

Handsperrhebel als Festlege- oder Aufhebegriff in/aus der Bodenlage (Abb. 602).
Die Technik wird weiter bevorzugt angewendet gegen Handfassen, Griff in die Revers von vorne/beidhändig, Würgen mit beiden Händen von vorne, Griff in die Haare von vorne und von hinten, Griff zur Brust von vorne und hinten sowie über die Schulter und unter der Achsel hindurch.

599

600

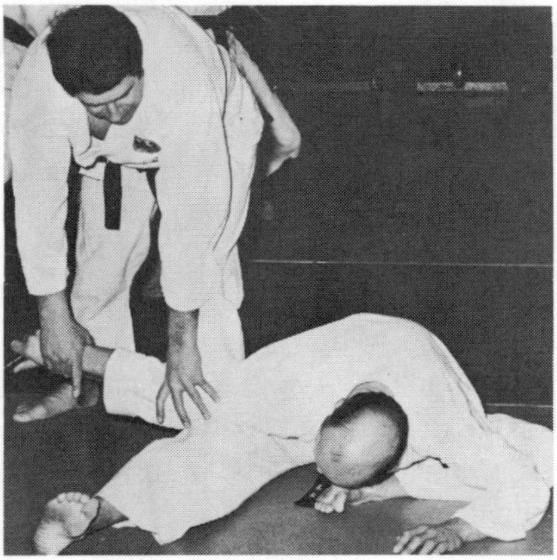

601

602

Ju Jutsu – Aspekte

– Eine notwendige Betrachtung –

1968 war die Geburtsstunde des neuen, modernen Ju Jutsu. Nach wie vor gelten seine wesentlichen System-Inhalte:

- Selbstverteidigung nach den Budo-Prinzipien,
- Ausbildungs- und Prüfungsprogramm nach Verteidigungstechniken zusammengestellt,
- gleichrangige Elemente als »harte« und »weiche« Mittel (Techniken),
- moderne Bewegungs- und Energieprinzipien mit Vielfältigkeits- und Kombinationsprinzip,
- Grundsatz der Verhältnismäßigkeit der Mittel,
- sowie Perfektionsschulung und Konditionstraining.

Mehr als zehn Jahre sind inzwischen vergangen, in denen viele neue »Schwarzgurte« (Ju Jutsu-Meister) herangewachsen und als Übungsleiter, Lehrer und Interpreten dieses Systems tätig sind. Es liegt in der Natur der Sache und des Menschen, daß die verschiedenen Prinzipien und Elemente dieser Kunst, entsprechend der persönlichen Mentalität der Meister, mehr oder weniger stark zur Geltung gebracht werden. So machen die einen aus Ju Jutsu eine »knallharte« Selbstverteidigung und sind überzeugt, nur das sei für die Realität des Straßenkampfes der einzig richtige Weg. Die anderen bevorzugen die elegante weiche Art und sind überzeugt, daß das »Siegen durch Nachgeben« der Weisheit letzter Schluß sei. Was ist nun wirklich richtig?

Ju Jutsu ist für jeden gemacht, vorrangig für den Schwachen, der sich gegen Stärkere verteidigen muß.

Erinnern wir uns daher: »Ju« bedeutet sanft, geschmeidig, nachgeben im Sinne von ausweichen. Nicht Kraft gegen Kraft setzen, sondern mit der Kraft des Angreifers siegen, also »Siegen durch Nachgeben«.
Ergänzen wir die Erklärung des Begriffes »Ju« noch mit anpassen, dann deckt sich »Ju« mit dem allumfassenden »Ökonomischen Prinzip«, dem obersten Grundsatz des wirksamsten Gebrauchs von Körper und Geist. Nach diesem Grundsatz handeln wir der Angriffssituation entsprechend angepaßt und wählen die Abwehr oder den eigenen Angriff als jeweils zweckmäßigstes Mittel der notwendigen Verteidigung. »Sei wie das Wasser, das zu allem sich allem anpaßt.«
Wenn es die Umstände erfordern, kann Angriff die beste Verteidigung sein, mit einem rechtzeitigen Angriff kann man einer erkennbaren gegnerischen Bedrohung zuvorkommen, diesen Angriff also im Ansatz durch eine gezielte, konsequente Aktion abwehren. Ein solcher Angriff ist z. B. angebracht, wenn ich aus Platz- oder anderen Gründen nicht in der Lage bin, dem gegnerischen Angriff auszuweichen. In der Regel muß man bei dieser »Vorwärtsverteidigung« in den Angreifer hineingehen, also den direkten inneren Eingang anwenden.
Auch wenn man plötzlich von hinten

umklammert, festgehalten oder nach rückwärts gezogen wird, kann man nicht ausweichen. Man muß stattdessen angepaßt handeln und das richtige Mittel zur Abwehr des Angriffs wählen, z. B. Schocken, Gleichgewicht brechen, Werfen, Atemi oder Griffsprengen, Hebeltechnik, Festlegen.

Im Ju Jutsu stehen »harte« und »weiche« Mittel gleichrangig nebeneinander. Beide setzen wir nach dem Prinzip des »Ju« ein. In der Regel weichen wir der angreifenden Kraft aus, bevor wir, z. B. auch mit einem Atemi, konsequent kontern. Selbst die Blocktechniken wenden wir möglichst nicht direkt gegen den Angreifer an, sondern verbinden sie mit einem Ausweichen.

Bedenken wir weiter, daß wir »harte« Techniken auch weich und »weiche« Techniken auch hart praktizieren können. Ein Handkantenschlag (»harte« Technik) auf die Leber setzt einen Angreifer genau so außer Gefecht wie ein durchgerissener Kipphandhebel (sogenannte »weiche« Technik), der das Handgelenk bricht. Beide Techniken kann man in einer anderen Situation auch weich anwenden; den Handkantenschlag zum leichten Schocken und den Kipphandhebel zum Festlegen und zur Kontrolle des Angreifers. Wir erkennen: Hart und weich, Hineingehen und Ausweichen, kraftvoll und geschmeidig – das eine schließt das andere nicht aus. Nur zusammen ergeben sie das Ganze. Zum Tag gehört die Nacht, zum Feuer das Wasser, zum Yin das Yang (asiatisches Symbol als Sinnbild der Gegensätze im Universum).

Ju Jutsu ist vor Mißbrauch nicht sicher und in der Hand Verantwortungsloser eine gefährliche Waffe. Das liegt nicht am Ju Jutsu. Die Dinge werden nur vom Menschen zum Guten gebraucht oder zum Bösen mißbraucht. Die Axt ist ein nützliches Werkzeug. Man kann sie zum Bösen mißbrauchen und damit einen Menschen ermorden. Wenn man sie dagegen benutzt, um sich in Notwehr zu verteidigen, wird sie wieder zu einem nützlichen Werkzeug, in diesem Falle zu einer Waffe.

Gut und böse sind relative Begriffe, wie auch die richtige oder falsche Anwendung von Ju Jutsu immer relativ bleiben wird. Beachten wir jedoch den »Grundsatz der Verhältnismäßigkeit der Mittel«, bleiben wir human und fair. Handeln wir nach bestem Wissen, Können und Gewissen, so werden wir uns auch jederzeit verantworten können.

Ju Jutsu ist in erster Linie eine moderne Allround-Selbstverteidigung für den Ernstfall. Eine Selbstverteidigung, die die Prinzipien sowie ausgesuchte Elemente der Budosportarten beinhaltet. Trotzdem dürfen wir Ju Jutsu nicht nur eingeengt unter dem Gesichtspunkt einer optimalen Verteidigungsmethode sehen. Wer hat schon die Motivation – von Polizei- und Sicherheitskräften einmal abgesehen –, sich ein ganzes Leben immer zu üben und zu trainieren, nur um sich vielleicht einmal verteidigen zu müssen. Wer sich so motiviert, wird in der Regel nur ein begrenztes Können erreichen, das er viel zu früh als ausreichend ansehen wird. Wer mehr erreichen, ein Meister werden will, muß sich weitere Ziele setzen.

Ju Jutsu ist auch Sport und damit ein Weg zur Perfektion körperlicher Bewegungen. Alles, was uns Sport interessant und erstrebenswert macht, können wir mit Ju Jutsu erreichen: Beweglichkeit, Schnelligkeit, Selbstkontrolle, Reaktion, Kraft, Ausdauer, Selbstbewußtsein, Freude in der Gemeinschaft, Graduierungen, Auszeichnungen und Erfolge.

Ju Jutsu ist weiterhin ein besonderer Weg zur Vervollkommnung der eigenen Persönlichkeit. Selbstbeherrschung und Selbstkontrolle – beides notwendige Voraussetzungen, um eine gefährliche Selbstverteidigung im Training und auf der Straße verantwortungsbewußt gegenüber Partner und Gegner zu praktizieren – formen auf die Dauer einen Charakter positiv. Die freie Wahl der »harten« und »weichen« Mittel ist übertragbar auf berufliche oder familiäre Lebenssituationen, die jeder bestrebt ist, erfolgreich zu meistern.

Auch im täglichen Leben, im Beruf, in der Gesellschaft, unter Freunden und Bekannten können wir uns nicht behaupten, indem wir immer entweder mit dem Kopf durch die Wand oder aber immer nachgeben wollen. Handeln wir also auch hier nach dem »ökonomischen Prinzip«, dem Grundsatz des wirksamsten Gebrauchs von Körper und Geist. Im rechten Moment das rechte zu tun, ist eine Lebenskunst, die wir über das richtige Üben von Ju Jutsu erlernen können.

Welche Motivation uns auch beflügeln mag, streben wir im Ju Jutsu stets nach Qualität. Lernen wir diese Kunst ganz zu beherrschen. Nutzen wir die vielfältigen Möglichkeiten der Anwendung von »harten« und »weichen« Mitteln in optimaler Bandbreite nach dem Grundsatz der Verhältnismäßigkeit.

Üben wir regelmäßig und beharrlich. Üben wir die direkten inneren und indirekten äußeren Eingänge und vergessen wir auch nicht, daß man sich im Ernstfall den Angriff nicht aussuchen kann. Gegen Linkshänder und Angriffe von links müssen wir genau so perfekt reagieren, wie gegen die üblichen Angriffe von rechts.

Es gibt Lehrlinge, Meister und Künstler im Ju Jutsu. Streben wir zumindest nach einem Meistergrad und werden ein Meister. Der »schwarze Gürtel« des Deutschen Dan-Kollegiums (DDK) ist ein Gütesiegel und wird uns für die Arbeit und Mühe auszeichnen. »Dan heißt Vorbild sein, auf der Matte, auf der Straße und im täglichen Leben.

»Auf der Welt gibt es nichts, was weicher und dünner ist wie Wasser. Doch um Hartes und Starres zu bezwingen, kommt nichts diesem gleich. Daß das Schwache das Starke besiegt, das Harte dem Weichen unterliegt, jeder weiß es, doch keiner handelt danach.« (Laotse)

Abschließend noch einige Hinweise für Lehrende: Didaktik und Methodik sind die pädagogischen Lehrmittel, um dem Schüler das Was und Wie des Ju Jutsu vorzustellen und seine Motorik über die Bewegungsvorstellung in der Grob- und Feinform auf die Prinzipien und Elemente des Ju Jutsu hinzuführen. Hierbei sind die biomechanischen Prinzipien besonders zu beachten.

Der Lehrer ist für den Schüler das lebende Vorbild, der – um glaubwürdig zu bleiben – Theorie und Praxis in eine absolute Übereinstimmung bringen muß. Für dieses notwendige Verhalten gilt in Bezug auf die Verwirklichung des »Ju«

eine entscheidende Erkenntnis: Ju Jutsu ist immer so zu lehren, als müsse sich ein Schwacher gegen einen weit Stärkeren verteidigen. Der Lehrer muß immer die Rolle des Schwachen verkörpern, er darf also nicht mit überlegener Körperkraft überzeugen, sondern immer mit guter Technik. Denn nur die Technik hilft dem Schwachen, den Starken zu überwinden.

Technik heißt aber nicht kraftloses Handeln. Ein durch entsprechendes Konditions-, Härte- und Reaktionstraining gekräftigter Körper ist eine notwendige Voraussetzung, um überhaupt Ju Jutsu-Techniken nach den Prinzipien der »speziellen Biomechanik« ausführen und im Ernstfall gegen den Widerstand eines stärkeren Angreifers erfolgreich durchsetzen zu können. Wir wissen es – auf der Straße gibt es keine Gewichtsklassen.

Zum besseren Verständnis der Zusammenhänge bedarf es über die eigene praktische Erfahrung hinaus eines gesicherten theoretischen Wissens, das die Sportfachverbände den Übungsleitern als entsprechende Fort- und Weiterbildung anbieten. Dieses Angebot sollte jeder Danträger für sich nutzen, wenn er erfolgreich als Übungsleiter zum Wohle seiner Schüler, seines Vereins und letztlich seiner selbst tätig sein will.

Prüfungsordnung für Ju-Jutsu-Kyu- und Dan-Grade

Erläuterung

1. Die Prüfungsordnung ist Bestandteil des Ausbildungsprogrammes. Für Frauen gilt die gleiche Prüfungsordnung.

2. Die Prüfungen im Ju-Jutsu richten sich nach der gültigen Verfahrensordnung für Ju-Jutsu-Kyu und -Dan-Grade. Das Ausbildungsprogramm ist optimal anzustreben und führt dazu, daß die wenigen Grundtechniken gegen alle möglichen Angriffe erlernt werden. Bei Anwendung in der Praxis ist der Notwehrparagraph zu beachten. Das jeweilige Prüfungsprogramm ist schulmäßig vorzuführen.
   Der Prüfling kann zu den abgefragten Abwehrtechniken die Angriffe des Partners selbst bestimmen.

3. Bei jeder Prüfung sind die Kenntnisse der vorangegangenen Grade durch Stichproben zu überprüfen und in der dafür vorgesehenen Spalte »*Vorkenntnisse*« in der Prüfungsliste zu bewerten.
   Bei der Überprüfung der Vorkenntnisse sind zu jedem vorangegangenen Grad mindestens zwei Grundtechniken gegen mindestens zwei (maximal fünf) Angriffe vom Prüfling zu verlangen.

4. *Fallübungen* ab 4. Kyu sollen auch über Hindernisse (Bock ca. 40–50 cm hoch) oder eine das Hindernis bildende Person ausgeführt werden.

5. Im Prüfungsfach »*Grundtechniken*« sollen für 5. und 4. Kyu alle Grundtechniken gegen zwei Angriffe, die der Verteidiger frei wählen kann, gezeigt werden. Ab 3. Kyu sollen alle Grundtechniken gegen je einen Angriff, den der Verteidiger frei wählen kann, gezeigt werden. Nach dem Vielfältigkeitsprinzip soll jedoch je eine Atemi-, eine Wurf-, eine Hebel- und eine (beliebige) sonstige Technik gegen mehrere verschiedene Angriffe, die der Verteidiger frei wählen kann, gezeigt werden. Alle Techniken sollen links und rechts beherrscht und ausgeführt werden, sie sind in Kombinationen vorzuführen. Bei allen Angriffen mit einer Waffe ist diese dem Angreifer abzunehmen, und nach Möglichkeit sicherzustellen.
   Für den 3. bis 5. Dan-Grad werden zur Bewertung der Grundtechniken die gezeigten Leistungen der Prüfungsfächer »Kombinationen« und »freie Abwehr« herangezogen.

6. Ab 3. Kyu ist das Prüfungsfach »*Freie Abwehr angesagter Angriffe mit Abnehmen von Waffen*« von der Prüfungskommission nach

freier Wahl abzufragen, wobei ein Partnerwechsel erfolgen muß, um so die gezeigten Selbstverteidigungstechniken realistisch bewerten zu können.

Auf flüssige Bewegungen, exakte Ausführung der Techniken sowie richtige Schwerpunktverlagerung des Körpers bei allen Aktionen ist zu achten. Bei allen Hebel- und Wurftechniken ist das Gleichgewicht des Angreifers sichtbar zu stören und das eigene Gleichgewicht mit guter Körperkontrolle zu wahren. Schlag- und Stoß- sowie Trittechniken (Atemi) sind genau zu plazieren, kraftvoll auszuführen (Schockeffekt), aber unbedingt kurz vor dem Körper des Angreifers abzustoppen. Da im Ernstfall ein Angreifer kraftvoll zuschlägt oder zufaßt, ist diesem Umstand grundsätzlich dadurch zu entsprechen, daß

a) Schlägen, Stößen und Tritten entweder auszuweichen ist oder diese abzublocken sind, bevor eine Technik (Hebel, Atemi, Würgetechnik oder Wurf) angewandt wird.

b) der Angriff durch einen Schock gestört wird, damit die nachfolgende Abwehr weitgehend mühelos gelingen kann. Schockwirkungen erzielt man z. B. mit Anpusten, Anspucken, Anschreien, Handklatschen, Atemi oder auch mit Werfen von Gegenständen.

7. *Abwehr frei angreifender Gegner*

Der Prüfling hat nachzuweisen, daß er im Ernstfall in der Lage ist, mindestens zwei Angreifer rationell und wirkungsvoll abzuwehren. Hier ist der wahre Wert des Ju-Jutsu als Selbstverteidigung zu beweisen. Zu bewerten sind: angriffsgerechtes Verhalten, Übersicht, Raumeinteilung, Reaktion, erfolgreiche Abwehr von Angriffen durch erkennbare Wirkungsmöglichkeiten von Ju-Jutsu-Techniken. Beachten: Atemi sind gegen gefährdete Punkte am Körper zu richten und abzustoppen, Hebel sind kontrolliert anzusetzen und auf Abklopfen sofort zu lösen. Würfe sind kontrolliert auszuführen.

Als Fehler zählen: eigene Gefährdung, d. h. wenn der Verteidiger durch Schlag, Tritt oder Stich entscheidend getroffen wird oder sich aus einem Würge-, Halte-, Klammer- oder Scherengriff nicht schnell genug befreien kann.

Anzahl der Angreifer:
Einer bei 1. Kyu
Zwei bei 1. Dan
Drei bei 2. Dan
Vier ab 3. Dan

Die Angriffe sind so lange fortzusetzen, bis die Angreifer nacheinander mit überzeugenden Verteidigungshandlungen des Prüflings abgewehrt sind. Die Prüfungskommission fungiert hierbei als Kampfgericht und scheidet die Angreifer aus. Sind die Angreifer ausgeschieden, formiert sich die Gruppe sofort zum nächsten Gang.

Dies wiederholt sich insgesamt 3 bis 6 Minuten. Die Angriffe sind zeitweise so zu gestalten, daß zwei Angreifer zur gleichen Zeit den Verteidiger bedrängen.

Zu bewerten sind:

6 = fehlerfreies Verteidigen bei gutem Gesamteindruck

5 = ein Fehler bei gutem Gesamteindruck

4 = bis zwei Fehler

3 = bis drei Fehler

2 = bis vier und mehr Fehler.

Bei Abwehr frei angreifender Gegner können Kampfwesten getragen werden.

8. *Kombinationen*

Sinnvolle Zusammenfügung von Ju-Jutsu-Techniken.

Das Prüfungsfach »*Kombinationen*« ist nach den in Kombinationen vorgeführten Grund- und Wahltechniken zu bewerten. Aus den Kombinationen muß zu erkennen sein, daß der Prüfling die vorgeschriebenen Techniken gut beherrscht sowie wechselreich sinn- und wirkungsvoll zu verbinden und anzuwenden versteht. Die Reihenfolge der Kombinationen sowie der Angriffsarten sind vom Prüfling selbst zu bestimmen.

Einfache Kombinationen ergeben sich grundsätzlich bei der Vorführung der Grundtechniken aus der Beachtung des obigen Absatzes. Zu bewerten sind folgende Kombinationsmöglichkeiten:

a) ohne Kontakt

1. Ausweichen, Atemi, Hebel
2. Wurf und Atemi
3. Wurf und Hebel
4. beliebige Technik und Transportgriff

b) mit Kontakt

1. Atemi, Wurf, Atemi
2. Wurf und Atemi
3. Wurf und Hebel
4. beliebige Technik und Transportgriff

9. *Weiterführungstechniken:* Fortführung von Techniken unter Berücksichtigung des Widerstandes bzw. der Gegenbewegung des Angreifers. Weiterführungstechniken sind wie folgt vorzuführen. Angriff von Uke – Ansatz einer Ju-Jutsu-Technik durch Tori, Reaktion von Uke, Weiterführung durch Tori.

10. *Gegentechniken:* Abwehr einer Ju-Jutsu-Technik, soweit sie nicht als Angriffsart im Ausbildungs-Programm enthalten ist. Sie sind wie folgt vorzuführen: Aktion ohne Waffen durch Tori – Ansatz einer Ju Jutsu-Technik durch Uke – Gegentechnik durch Tori. Die Angriffsaktion dient nur dazu, der Vorführung einen flüssigen Ablauf zu geben. Für Punkt 9 und 10 gilt das unter »Kombinationen« gesagte sinngemäß.

11. *Abwehr mit Stock*

Hier ist die Möglichkeit zu zeigen, einem angreifenden Gegner den Stock abzunehmen und ihn zur eigenen Verteidigung einzusetzen.

Demonstriert mit kurzem und langem Stock, eventuell Spazierstock oder Schirm.

12. *Kata*
In der Kata müssen die verschiedenen Arten von Angriff und Verteidigung meisterlich dargeboten werden. Neben der Einzeltechnik sind Haltung, Form, Ausdruck, Kiai und Gesamteindruck zu bewerten.

Zu bewerten ist:
6 = fehlerfrei bei hervorragendem Gesamteindruck
5 = kleine Mängel bei gutem Gesamteindruck
4 = befriedigender Gesamteindruck
3 = Vortrag mit groben Mängeln
2 = ungenügender Vortrag
Auf Verlangen kann der Prüfling die Kata ein zweites Mal vorführen. Die erste Bewertung wird dadurch hinfällig.

13. Die *Bestimmungen über Notwehr* sind auf Landeslehrgängen zu lehren. Sie sind nicht zu prüfen, sondern werden bei Anwärtern für eine Dan-Prüfung als bekannt vorausgesetzt.

14. Der Prüfling muß seinen Partner unter den Prüfungsteilnehmern wählen. In notwendigen Ausnahmen entscheidet die Prüfungskommission. Für die Prüfungsfächer: Kata, Gegentechniken, Weiterführungstechniken und Abwehr mit Stock braucht der Partner kein Prüfungsteilnehmer sein.

15. Verletzt ein Prüfungsteilnehmer einen Partner durch alleiniges Verschulden, wird er von der weiteren Prüfung ausgeschlossen.

Ausbildungsprogramm Ju-Jutsu

5. Kyu-Grad

Etikette
Angriffs- und Verteidigungsstellungen
Bewegungslehre: Im Stand:

a) Ausweichen, Verteidigen durch Gleiten, Steppen, Übersetzen, Körperabdrehen, Schrittdrehung, Doppelschrittdrehung
b) Wendungen nach allen Seiten

Fallen: Rolle vor- und rückwärts, Sturz seit-, vor- und rückwärts.
10 Grundtechniken in Kombinationen, vorgeführt gegen je 2 verschiedene Angriffe nach freier Wahl

Unterarmblock nach oben

Gerader Fauststoß zum Kopf
Stockschlag von oben, eine Hand
Stockschlag von oben, beidhändig
Griffansatz zu den Haaren
Griffansatz zum Hals
Messerstich von oben

Unterarmblock nach innen

Handfassen
Handgelenk fassen
Würge von vorn, eine Hand und Schlag
Würge von vorn mit beiden Händen
Ohrfeige
Griffansätze zum Oberkörper
Gerader Fauststoß
Rückhandschlag
Stockschlag von innen
Stockschlag von außen
Messerstich von innen
Messerstich von außen

Unterarmblock nach außen

Ohrfeige
Gerader Fauststoß
Schwinger
Griffansätze zum Oberkörper
Stockschlag von außen
Stockschlag von innen
Messerstich von außen
Messerstich von innen

Tiefblock nach außen und nach innen

Gerader Fauststoß zum Magen
Griffansatz zur unteren Körperhälfte
Fußtritt und Fußstöße vorwärts und seitwärts
Stockschlag von innen
Stockschlag von außen
Stockstich
Messerstich von außen
Messerstich von innen
Messerstich von unten
Florettstich

Handfegen

Würge von vorn, eine Hand und Schlag
Griffansätze
Gerader Fauststoß
Fußtritt vorwärts
Fußstoß seitwärts
Kniestoß
Stockschlag von oben
Stockschlag von außen
Stockschlag von innen
Stockstich
Florettstich
Pistolenangriff vorn, nah

Fauststoß/Faustschlag

Handfassen
Handgelenk fassen
Ärmel fassen
Griff in die Revers, beidhändig
Griff in die Haare von vorn
Griff zur Krawatte (Hals) und Schlag
Griffansatz
Kragenfassen von hinten
Schwitzkasten von vorn
Schwitzkasten von der Seite
Würge von vorn, eine Hand und Schlag
Würge von vorn, beide Hände
Würge Gegner zwischen den Beinen, Boden
Würge, Gegner von hinten, Boden
Ohrfeige
Gerader Fauststoß
Aufwärtshaken
Rückhandschlag
Schwinger
Fußtritt und Fußstöße vorwärts und seitwärts
Stockschlag von oben, eine Hand
Stockschlag von oben, beidhändig
Stockschlag von innen
Stockschlag von außen
Stockschlag zu den Beinen
Stockstich
Messerstich von oben
Messerstich von unten
Messerstich von außen
Messerstich von innen
Florettstich
Pistolenangriff von vorn, nah
Pistolenangriff von hinten, nah

Griffsprengen und Grifflösen

Handfassen
Handgelenk fassen
Ärmel fassen
Griff in die Revers beidhändig
Doppelnelson
Körperumklammerung von hinten über den Armen
Würge von vorn mit beiden Händen
Würge Gegner im Reitsitz, Boden
Würge Gegner zwischen den Beinen, Boden
Würge Gegner von hinten, Boden
Würge von vorn, eine Hand und Schlag
Würge von der Seite mit beiden Händen
Würge von hinten mit beiden Händen
Freies Würgen von hinten mit Handgelenk fassen

Armriegel von außen

Handfassen
Handgelenk fassen
Rückhandschlag
Stockschlag von oben, eine Hand
Stockschlag von innen
Messerstich von unten
Florettstich
als Transportgriff

Handdrehbeugehebel

Handgelenk fassen
Ärmel fassen
Griff in die Revers beidhändig
Griff zur Krawatte und Schlag
Kragenfassen von hinten
Griff in die Haare von vorn
Körperumklammerung von hinten unter den Armen
Würge von vorn, eine Hand und Schlag
Würge von vorn mit beiden Händen
Würge von der Seite mit beiden Händen
Würge von hinten mit beiden Händen
Würge Gegner zwischen den Beinen
Würge, Boden, Gegner seitlich
Würge, Boden, Gegner von hinten
Griffansatz
Ohrfeige
Gerader Fauststoß
Aufwärtshaken
Rückhandschlag
Schwinger
Stockschlag von oben, eine Hand
Stockschlag von innen
Stockschlag von außen
Messerstich von innen
Messerstich von außen
Messerstich von oben
Messerstich von unten
Florettstich
Pistolenangriff von vorn, nah
Pistolenangriff von hinten, nah

Hüftwurf

Kragenfassen von hinten
Würge von vorn, eine Hand und Schlag
Würge von vorn mit beiden Händen
Würge von der Seite mit beiden Händen
Würge von hinten mit beiden Händen
Ohrfeige
Gerader Fauststoß
Aufwärtshaken
Rückhandschlag
Schwinger
Stockschlag von oben, eine Hand
Stockschlag von innen
Stockschlag von außen
Stockschlag von oben, beidhändig

4. Kyu-Grad

Vorkenntnisse
Fallen wie in 5. Kyu und rollen über Hindernisse
Bewegungslehre
1) Im Stand: wie 5. Kyu
2) Am Boden: Bewegen, Ausweichen durch Auslagewechsel, Drehen, Rollen
12 Grundtechniken in Kombinationen, vorgeführt gegen je 2 verschiedene Angriffe nach freier Wahl.

Handkantenblock

Würge von vorn, eine Hand und Schlag
Ohrfeige
Gerader Fauststoß
Rückhandschlag
Schwinger
Fußtritt und Fußstöße vorwärts und seitwärts
Stockschlag von oben, eine Hand
Stockschlag von innen
Stockschlag von außen
Stockstich
Messerstich von oben
Messerstich von unten
Messerstich von innen
Messerstich von außen
Florettstich

**Handaußenkante,
Schlag nach außen und innen**

Handfassen
Handgelenk fassen
Ärmel fassen
Kragenfassen von hinten
Griffansatz
Körperumklammerung von vorn unter den Armen
Würge von vorn, eine Hand und Schlag
Würge von vorn mit beiden Händen
Würge von der Seite mit beiden Händen
Würge von hinten mit beiden Händen
Würge am Boden, Gegner im Reitsitz
Würge Gegner zwischen den Beinen
Würge am Boden, Gegner seitlich
Ohrfeige
Gerader Fauststoß
Aufwärtshaken
Schwinger
Rückhandschlag
Fußtritt und Fußstöße vorwärts und seitwärts
Kopfstoß zum Magen
Stockschlag von oben, eine Hand
Stockschlag von außen
Stockschlag von innen
Stockschlag beidhändig
Stockstich
Messerstich von oben

Nützliche Ratgeber

Stand: Sommer 1988

Essen und Trinken

FALKEN EXKLUSIV
Kochen in höchster Vollendung
Aus vier Elementen ist alles zusammengefügt (Theophrast). (4291) Von M. Wissing, M. Kirsch, 160 S., 230 Farbfotos, Leinen geprägt mit Schutzumschlag, im Schuber, **DM 98,–**, S 784.–

Was koche ich heute?
Neue Rezepte für Fix-Gerichte. (0608) Von A. Badelt-Vogt, 112 S., 16 Farbtafeln, kart. ●

Kochen für 1 Person
Rationell wirtschaften, abwechslungsreich und schmackhaft zubereiten. (0586) Von M. Nicolin, 136 S., 8 Farbtafeln, 23 Zeichnungen, kart. ●

Schnell und individuell
Die raffinierte Single-Küche
(4266) Von F. Faist, 160 S., 151 Farbfotos, Pappband. ●●●

Gesunde Kost aus dem Römertopf
(0442) Von J. Kramer, 128 S., 8 Farbtafeln, 13 Zeichnungen, kart. ●

FALKEN-FEINSCHMECKER
Pasta in Höchstform **Nudeln**
(0884) Von M. Kirsch, 64 S., 62 Farbfotos, Pappband. ●

Nudelgerichte
– lecker, locker, leicht zu kochen. (0466) Von C. Stephan, 80 S., 8 Farbtafeln, kart. ●

FALKEN-FEINSCHMECKER
In Hülle und Fülle
Pasteten und Terrinen
(0883) Von M. Kirsch, 48 S., 62 Farbfotos, Pappband. ●

FALKEN-FEINSCHMECKER
Spezialitäten unter knuspriger Decke
Aufläufe
(0882) Von C. Adam, 48 S., 33 Farbfotos, Pappband. ●

Eintöpfe und Aufläufe
Das Beste aus den Kochtöpfen der Welt (5079) Von A. und G. Eckert, 64 S., 50 Farbfotos, Pappband. ●●

FALKEN-FEINSCHMECKER
Herzhaftes für Leib und Seele
Eintöpfe
(0820) Von P. Klein, 48 S., 30 Farbfotos, Pappband. ●

Schnell und gut gekocht
Die tollsten Rezepte für den Schnellkochtopf. (0265) Von J. Ley, 96 S., 8 Farbtafeln, kart. ●

Kochen und backen im Heißluftherd
Vorteile, Gebrauchsanleitung, Rezepte. (0516) Von K. Kölner, 72 S., 8 Farbtafeln, kart. ●

Zaubern mit der schnellen Welle
Die neue Mikrowellenküche
(4289) Von F. Faist, 208 S., 188 Farbfotos, Pappband. ●●●

Das neue Mikrowellen-Kochbuch
(0434) Von H. Neu, 64 S., 4 Farbtafeln, 16 s/w Zeichnungen, kart. ●

Ganz und gar mit Mikrowellen
(4094) Von T. Peters, 208 S., 24 Farbfotos, 12 Zeichnungen, kart. ●●●

FALKEN-FEINSCHMECKER
Schnell auf den Tisch gezaubert
Kochen mit Mikrowellen
(0818) Von A. Danner, 64 S., 52 Farbfotos, Pappband. ●

Marmeladen, Gelees und Konfitüren
Köstlich wie zu Omas Zeiten – einfach selbstgemacht. (0720) Von M. Gutta, 32 S., 23 Farbfotos, 1 Zeichnung, Pappband. ●

Einkochen
nach allen Regeln der Kunst. (0405) Von B. Müller, 128 S., 8 Farbtafeln, kart. ●

Einkochen, Einlegen, Einfrieren
(4055) Von B. Müller, 152 S., 27 s/w.-Abb., kart. ●●

Haltbarmachen in der Öko-Küche
Gesunde Konservierungsmethoden für Obst, Gemüse, Kräuter und Pilze. (0932) Von M. Bustorf-Hirsch, 120 S., 56 Farbfotos, 36 Farbzeichnungen. kart. ●●

FALKEN-FEINSCHMECKER
Goldbraun und knusprig
Fritierte Leckerbissen
(0868) Von F. Faist, 64 S., 47 Farbfotos, Pappband. ●

Das neue Fritieren
geruchlos, schmackhaft und gesund. (0365) Von P. Kühne, 96 S., 8 Farbtafeln, kart. ●

FALKEN-FEINSCHMECKER
Die Krönung der feinen Küche
Saucen
(0817) Von G. Cavestri, 48 S., 40 Farbfotos, Pappband. ●

FALKEN-FEINSCHMECKER
Edler Kern in harter Schale
Meeresfrüchte
(0886) Von L. Grieser, 48 S., 52 Farbfotos, Pappband. ●

FALKEN-FEINSCHMECKER
Von Tatar und falschen Hasen
Hackfleisch
(0866) Von A. und G. Eckert, 64 S., 42 Farbfotos, Pappband. ●

Mehr Freude und Erfolg beim **Grillen**
(4141) Von A. Berliner, 160 S., 147 Farbfotos, 10 farbige Zeichnungen, Pappband. ●●●

Grillen für Geniesser
Fleisch · Fisch · Beilagen · Soßen. (5001) Von E. Fuhrmann, 64 S., 38 Farbfotos, Pappband. ●●

FALKEN-FEINSCHMECKER
Köstliches von Rost und Spieß
Grillen
(0931) Von A. Kalcher-Dähn, H. K. Kalcher, 64 S., 43 Farbfotos, Pappband. ●

Chinesisch kochen
mit dem Wok-Topf und dem Mongolen-Topf. (0557) Von C. Korn, 64 S., 8 Farbtafeln, kart. ●

FALKEN-FEINSCHMECKER
Verheißungsvoll fernöstlich
Spezialitäten aus dem Wok
(0933) Von H. K. Jen, 64 S., 56 Farbfotos, Pappband. ●

Schlemmerreise durch die
Chinesische Küche
(4184) Von K. H. Jen, 160 S., 117 Farbfotos, Pappband. ●●●

Nordische Küche
Speisen und Getränke von der Küste. (5082) Von J. Kürtz, 64 S., 44 Farbfotos, Pappband. ●●

Essen in Hessen
Spezialitäten zwischen Schwalm und Odenwald. (0837) Von R. Witt, 120 S., 10 s/w-Zeichnungen, Pappband. ●●

Schlemmerreise durch die
Französische Küche
(4296) Von H. Imhof, 160 S., 147 Farbfotos, 3 s/w-Fotos, Pappband. ●●●

Französisch kochen
Eine kulinarische Reise durch Frankreich. (5016) Von M. Gutta, 64 S., 35 Farbfotos, Pappband. ●●

Französische Küche
(0685) Von M. Gutta, 96 S., 16 Farbtafeln, kart. ●

Französische Spezialitäten aus dem Backofen
Herzhafte Tartes und Quiches mit Fleisch, Fisch, Gemüse und Käse (5146) Von P. Klein, 64 S., 43 Farbfotos, Pappband. ●●

FALKEN-FEINSCHMECKER
Aus lauter Lust und Liebe
Knoblauch
(0867) Von L. Reinirkens, 64 S., 45 Farbfotos, Pappband. ●

Kochen und würzen mit **Knoblauch**
(0725) Von A. und G. Eckert, 96 S., 8 Farbtafeln, kart. ●

Schlemmerreise durch die
Italienische Küche
(4172) Von V. Pifferi. 160 S., 109 Farbfotos, Pappband. ●●●

Pizza, Pasta und die feine italienische Küche
(4270) Von R. Rudatis, 120 S., 255 Farbfotos, Pappband. ●●

Italienische Küche
Ein kulinarischer Streifzug mit regionalen Spezialitäten. (5026) Von M. Gutta, 64 S., 35 Farbfotos, Pappband. ●●

FALKEN-FEINSCHMECKER
Schlemmen wie bei Mamma Maria
Pizzas
(0815) Von F. Faist, 64 S., 62 Farbfotos, Pappband. ●

Köstliche Pilzgerichte
Tips und Rezepte für die häufigsten Pilzgattungen. (5133) Von V. Spicker-Noack, M. Knoop, 64 S., 52 Farbfotos, Pappband. ●●

Fondues
und fritierte Leckerbissen. (0471) Von S. Stein, 96 S., 8 Farbtafeln, kart. ●

Fondues · Raclettes · Flambiertes
(4081) Von R. Peiler und M.-L. Schult, 136 S., 15 Farbtafeln, 28 Zeichnungen, kart. ●●

Neue, raffinierte Rezepte mit dem Raclette-Grill
(0558) Von L. Helger, 56 S., 8 Farbtafeln, kart. ●

Rezepte rund um Raclette und Doppeldecker
(0420) Von J. W. Hochscheid, 72 S., 8 Farbtafeln, kart. ●

Die hier vorgestellten Bücher, Videokassetten und Software sind in folgende Preisgruppen unterteilt:

● Preisgruppe bis DM 10,–/S 79,–
●● Preisgruppe über DM 10,– bis DM 20,– S 80,– bis S 160,–
●●● Preisgruppe über DM 20,– bis DM 30,– S 161,– bis S 240,–
●●●● Preisgruppe über DM 30,– bis DM 50,– S 241,– bis S 400,–
●●●●● Preisgruppe über DM 50,–/S 401,–
*(unverbindliche Preisempfehlung)

Die Preise entsprechen dem Status beim Druck dieses Verzeichnisses (s. Seite 1) – Änderungen, im besonderen der Preise, vorbehalten –

FALKEN

Fondues und Raclettes
(4253) Von F. Faist, 160 S., 125 Farbfotos, Pappband. ●●●

FALKEN-FEINSCHMECKER
Schmelzendes Käsevergnügen
Raclette
(0881) Von F. Faist, 48 S., 33 Farbfotos, Pappband. ●

Kulinarischer Feuerzauber
Flambieren
(4294) Von R. Wesseler, 120 S., 100 Farbfotos, Pappband. ●●●

Kochen und würzen mit
Paprika
(0792) Von A. und G. Eckert, 88 S., 8 Farbtafeln, kart. ●

Köstlichkeiten für Gäste und Feste
Kalte Platten
(4200) Von I. Pfliegner. 160 S., 130 Farbfotos, Pappband. ●●●

Kalte Happen und Partysnacks
Canapés, Sandwiches, Pastetchen, Salate und Suppen. (5029) Von D. Peters, 64 S., 44 Farbfotos, Pappband. ●●

Garnieren und Verzieren
(4236) Von R. Biller, 160 S., 329 Farbfotos, 57 Zeichnungen, Pappband. ●●●

Desserts
Puddings, Joghurts, Fruchtsalate, Eis, Gebäck, Getränke. (5020) Von M. Gutta, 64 S., 41 Farbfotos, Pappband. ●●

FALKEN-FEINSCHMECKER
Süße Verführungen
Desserts
(0885) Von M. Bacher, 64 S., 75 Farbfotos, Pappband. ●

FALKEN-FEINSCHMECKER
Süße Geheimnisse eiskalt gelüftet
Eis und Sorbets
(0870) Von H. W. Liebheit, 48 S., 38 Farbfotos, Pappband. ●

Crêpes, Omeletts und Soufflés
Pikante und süße Spezialitäten. (5131) Von J. Rosenkranz, 64 S., 45 Farbfotos, Pappband. ●●

Kuchen und Torten
Die besten und beliebtesten Rezepte. (5067) Von M. Sauerborn, 64 S., 79 Farbfotos, Pappband. ●●

Tortenträume und Kuchenfantasien
Gebackene Köstlichkeiten originell dekoriert und verziert. (0823) Von F. Faist, 80 S., 150 Farbfotos, kart. ●●

Backen mit Lust und Liebe
(4284) Von M. Schumacher, R. Krake, 242 S., 348 Farbfotos, 18 farb. Vignetten, 3 vierseitige Ausklapptafeln, Pappband. ●●●●

Backen, was allen schmeckt
Kuchen, Torten, Gebäck und Brot. (4166) Von E. Blome, 556 S., 40 Farbtafeln, Pappband. ●●●

Meine Vollkornbackstube
Brot · Kuchen · Aufläufe. (0616) Von R. Raffelt, 96 S., 4 Farbtafeln, 12 Zeichnungen, kart. ●

FALKEN-FEINSCHMECKER
Knusprig, kernig, urgesund
Vollkornbrot
(0938) Von S. Reiter, 64 S., 56 Farbfotos, Pappband. ●

FALKEN-FEINSCHMECKER
Mit Körnern, Zimt und Mandelkern
Vollkorngebäck
(0816) Von M. Bustorf-Hirsch, 48 S., 39 Farbfotos, Pappband. ●

Biologisch Backen
Neue Rezeptideen für Kuchen, Brote, Kleingebäck aus vollem Korn. (4174) Von M. Bustorf-Hirsch, 136 S., 15 Farbtafeln, 47 Zeichnungen, kart. ●●

Selbst Brotbacken
Über 50 erprobte Rezepte. (0370) Von J. Schiermann, 80 S., 6 Zeichnungen, 4 Farbtafeln, kart. ●

Mehr Freude und Erfolg beim
Brotbacken
(4148) Von A. und G. Eckert, 160 S., 177 Farbfotos, Pappband. ●●●

Brotspezialitäten
knusprig backen – herzhaft kochen. (5088) Von J. W. Hochscheid, L. Helger, 64 S., 48 Farbfotos, Pappband. ●●

Weihnachtsbäckerei
Köstliche Plätzchen, Stollen, Honigkuchen und Festtagstorten. (0682) Von M. Sauerborn, 32 S., 34 Farbfotos, Pappband. ●

Waffeln
süß und pikant. (0522) Von C. Stephan, 64 S., 8 Farbtafeln, kart. ●

Alles mit Joghurt
tagfrisch selbstgemacht. Mit vielen Rezepten. (0382) Von G. Volz, 88 S., 8 Farbtafeln, kart. ●

Joghurt, Quark, Käse und Butter
Schmackhaftes aus Milch hausgemacht. (0739) Von M. Bustorf-Hirsch. 32 S., 59 Farbabb., Pappband. ●

FALKEN-FEINSCHMECKER
Raffiniert und gesund würzen
Kräuterküche
(0869) Von A. Görgens, 48 S.,43 Farbfotos, Pappband. ●

Miekes Kräuter- und Gewürzkochbuch
(0323) Von I. Persy, K. Mieke, 96 S., 8 Farbtafeln, kart. ●

Das köstliche knackige Schlemmervergnügen.
Salate
(4165) Von V. Müller. 160 S., 80 Farbfotos, Pappband. ●●●

FALKEN-FEINSCHMECKER
Frisch und leicht als Hauptgericht
Schlemmersalate
(0934) Von C. Adam, 64 S., 49 Farbfotos, Pappband. ●

111 köstliche Salate
Erprobte Rezepte mit Pfiff. (0222) Von C. Schönherr, 96 S., 8 Farbtafeln, 30 Zeichnungen, kart. ●

FALKEN-FEINSCHMECKER
Köstlich frisch auf den Tisch
Rohkostsalate
(0865) Von C. Adam, 48 S., 26 Farbfotos, Pappband. ●

Die abwechslungsreiche Vollwertküche
Vitaminreich und naturbelassen kochen und backen. (4229) Von M. Bustorf-Hirsch, K. Siegel, 280 S., 31 Farbtafeln, 78 Zeichnungen, Pappband. ●●●●

Die feine Vollwertküche
(4286) Von M. Bustorf-Hirsch, 160 S., 83 Farbfotos, Pappband. ●●●

Meine Vollkornküche
Herzhaftes von echtem Schrot und Korn (0858) Von S. Walz, 128 S., 8 Farbtafeln, kart. ●

FALKEN-FEINSCHMECKER
Dinkel, Hirse, Roggenkorn . . .
Kerniges aus der Getreideküche
(0932) Von S. Frank, 64 S., 49 Farbfotos, Pappband. ●

FALKEN-FEINSCHMECKER
Die verlockende Alternative
Süße Vollwertküche
(0936) Von A. Roßmeier, 64 S., 50 Farbfotos, Pappband. ●

FALKEN-FEINSCHMECKER
Die gesunde Art, sich zu verwöhnen
Vollwertküche für Singles
(0937) Von A. Görgens, 64 S., 43 Farbfotos, Pappband. ●

Alternativ essen
Die gesunde Sojaküche.
(0553) Von U. Kolster, 112 S., 8 Farbtafeln, kart. ●

Kochen mit Tofu
Die gesunde Alternative. (0894) Von U. Kolster, 80 S., 8 Farbtafeln, kart. ●

Das Reformhaus-Kochbuch
Gesunde Ernährung mit hochwertigen Naturprodukten. (4180) Von A. und G. Eckert, 160 S. 15 Farbtafeln, Pappband. ●●●

Gesund kochen mit Keimen und Sprossen
(0794) Von M. Bustorf-Hirsch, 104 S., 8 Farbtafeln, 13 s/w-Zeichnungen, kart. ●

Keime und Sprossen in der Naturküche
(4299) Von M. Bustorf-Hirsch, 96 S., 144 Farbfotos, Pappband. ●●

Die feine Vegetarische Küche
(4235) Von F. Faist, 160 S., 191 Farbfotos, Pappband. ●●●

Biologische Ernährung
für eine natürliche und gesunde Lebensweise. (4125) Von G. Leibold, 136 S., 15 Farbtafeln, 47 Zeichnungen, kart. ●●

Gesunde Ernährung für mein Kind
(0776) Von M. Bustorf-Hirsch, 96 S., 8 Farbtafeln, 5 s/w Zeichnungen, kart. ●

Vitaminreich und naturbelassen
Biologisch Kochen
(4162) Von M. Bustorf-Hirsch, K. Siegel, 144 S., 15 Farbtafeln, 31 Zeichnungen, kart. ●●

Gesund kochen
wasserarm · fettfrei · aromatisch. (4060) Von M. Gutta, 240 S., 16 Farbtafeln, Pappband. ●●●

Naturküche à la carte
(4406) Von M. Wissing, M. Kirsch, 160 S., 179 Farbfotos, Pappband. ●●●●

Würzig kochen ohne Salz
(0922) Von S. Roediger-Streubel, 160 S., 16 Farbtafeln, kart. ●●

Natursammlers Kuchbuch
Wildfrüchte und Gemüse, Pilze, Kräuter – finden und zubereiten. (4040) Von C. M. Kerler, 140 S., 12 Farbtafeln, kart. ●●

Kräuter- und Heilpflanzen-Kochbuch
für eine gesunde Lebensweise. (4066) Von P. Pervenche, 143 S., 15 Farbtafeln. kart. ●●

Pralinen und Konfekt
Kleine Köstlichkeiten selbstgemacht. (0731) Von H. Engelke, 32 S., 57 Farbfotos, Pappband. ●

FALKEN-FEINSCHMECKER
Zart schmelzende Versuchungen
Schokolade
(0819) Von J. Schroer, 48 S., 53 Farbfotos, Pappband. ●

Die hier vorgestellten Bücher, Videokassetten und Software sind in folgende Preisgruppen unterteilt:

● Preisgruppe bis DM 10,–/S 79,–
●● Preisgruppe über DM 10,– bis DM 20,– S 80,– bis S 160,–
●●● Preisgruppe über DM 20,– bis DM 30,– S 161,– bis S 240,–
●●●● Preisgruppe über DM 30,– bis DM 50,– S 241,– bis S 400,–
●●●●● Preisgruppe über DM 50,–/S 401,–
*(unverbindliche Preisempfehlung)

Die Preise entsprechen dem Status beim Druck dieses Verzeichnisses (s. Seite 1) – Änderungen, im besonderen der Preise, vorbehalten –

FALKEN

Das richtige Frühstück
Gesunde Vollwertkost vitaminreich und naturbelassen. (0784) Von C. Kratzel, R. Böll, 32 S., 28 Farbfotos, Pappband. ●

Bocuse à la carte
Französisch kochen mit dem Meister. (4237) Von P. Bocuse, 88 S., 218 Farbfotos, Pappband. ●●

Kochschule mit Paul Bocuse
(6016) VHS, 60 Min. in Farbe. ●●●●●*

Der schön gedeckte Tisch
Vom einfachen Gedeck bis zur Festtafel stimmungsvoll und perfekt arrangiert. (4246) Von H. Tapper, 112 S., 206 Farbabbildungen, 21 s/w-Abbildungen, Pappband. ●●●

Servietten dekorativ falten
Geschmackvolle Anregungen aus Stoff und Papier. (0804) Von H. Tapper, 3T S., 134 Farbfotos, Pappband. ●

Cocktails
(4267) Von W. R. Hoffmann, W. Hubert, U. Lottring, 160 S., 164 Farbfotos, 1 s/w-Foto, Pappband. ●●●

Neue Cocktails und Drinks
mit und ohne Alkohol. (0517) Von S. Späth, 128 S., 4 Farbtafeln, kart., ●

Mixgetränke
mit und ohne Alkohol (5017) Von C. Arius, 64 S., 35 Farbfotos, Pappband. ●●

FALKEN-FEINSCHMECKER
Fruchtig, spritzig, eisgekühlt
Mixen ohne Alkohol
(0935) Von S. Späth, 64 S., 44 Farbfotos, Pappband. ●

Cocktails und Mixereien
für häusliche Feste und Feiern. (0075) Von J. Walker, 96 S., 4 Farbtafeln, kart. ●

Die besten Punsche, Grogs und Bowlen
(0575) Von F. Dingden, 64 S., 4 Farbtafeln, kart. ●

Weine und Säfte, Liköre und Sekt
selbstgemacht. (0702) Von P. Arauner, 232 S., 76 Abb., kart. ●●

Mitbringsel aus meiner Küche
selbst gemacht und liebevoll verpackt. (0668) Von C. Schönherr, 32 S., 30 Farbfotos, Pappband. ●

Weinlexikon
Wissenswertes über die Weine der Welt. (4149) Von U. Keller, 228 S., 6 Farbtafeln, 395 s/w-Fotos, Pappband. ●●●

Heißgeliebter Tee
Sorten, Rezepte und Geschichten. (4114) Von C. Maronde, 153 S., 16 Farbtafeln, 93 Zeichnungen, Pappband. ●●●

Tee für Genießer.
Sorten · Riten · Rezepte. (0356) Von M. Nicolin, 64 S., 4 Farbtafeln, kart. ●

Tee
Herkunft · Mischungen · Rezepte. (0515) Von S. Ruske, 96 S., 4 Farbtafeln, 16 s/w-Abbildungen, Pappband. ●

Kinder lernen spielend backen
(5110) Von M. Gutta, 64 S., 45 Farbfotos, Pappband. ●●

Kinder lernen spielend kochen
Lieblingsgerichte mit viel Spaß selbst zubereitet. (5096) Von M. Gutta, 64 S., 45 Farbfotos, Pappband, ●●

Komm, koch mit mir
Kunterbuntes Kochvergnügen für Kinder. (4285) Von S. und H. Theilig, Illustrationen von B. v. Hayek, 96 S., 48 Farbfotos, 350 Farb- und 1 s/w-Zeichnung, Pappband. ●●

Schlank werden nach Dr. Hay
Trennkost
Die bewährten Vollwert-Rezepte von Ursula Summ. (4298) Von U. Summ, 96 S., 54 Farbtafeln, 1 Zeichnung, kart. ●●

Gesund leben – schlank werden mit der
Bio-Kur
(0657) Von S. Winter. 144 S., 4 Farbtafeln, kart. ●

SLIM
Der neue, individuelle Schlankheitsplan (4277) Von Prof. Dr. E. Menden, W. Aign. 120 S., 440 Farbfotos, Pappband. ●●●

Kalorien – Joule
Eiweiß · Fett · Kohlenhydrate tabellarisch nach gebräuchlichen Mengen. (0374) Von M. Bormio, 88 S., kart. ●

Vitamine und Ballaststoffe
So ermittle ich meinen täglichen Bedarf (0746) Von Prof. Dr. M. Wagner, I. Bongartz. 96 S., 6 Farbabb., zahlreiche Tabellen, kart. ●

Hobby und Freizeit

Aquarellmalerei
als Kunst und Hobby. (4147) Von H. Haack, B. Wersche, 136 S., 62 Farbfotos, 119 Zeichnungen, Pappband. ●●●●

Aquarellmalerei
Materialien · Techniken · Motive. (5099) Von T. Hinz, 64 S., 79 Farbfotos, Pappband. ●●

Hobby Aquarellmalen
Landschaft und Stilleben. (0876) Von I. Schade, A. Brück, 80 S., 111 Farbabbildungen, kart. ●●

Videokassette
Hobby Aquarellmalen
Landschaft und Stilleben (6022) VHS, ca. 40 Min., in Farbe, ●●●●*

Aquarellmalerei leicht gelernt
Materialien · Techniken · Motive. (0787) Von T. Hinz, R. Braun, B. Zeidler, 32 S., 38 Farbfotos, 1 Zeichnung, Pappband. ●

Aquarellieren auf Seide
Materialien · Techniken · Motive. (0917) Von I. Demharter, 32 S., 41 Farbfotos, Pappband. ●

Hobby Ölmalerei
Landschaft und Stilleben. (0875) Von H. Kämper, I. Becker, 80 S., 93 Farbabb., kart. ●●

Videokassette
Hobby Ölmalerei
Landschaft und Stilleben (6025) VHS, ca. 40 Min., in Farbe, ●●●●*

Falken-Handbuch
Zeichnen und Malen
(4167) Von B. Bagnall, 336 S., 1154 Farbabb., Pappband. ●●●●●

Das große farbige PLAKA-Buch
Malen und Basteln
(4402) Von H.-J. Giesecke, 192 S., 225 Farbfotos, 20 Farb- und 4 s/w- Zeichnungen, Pappband. ●●

Das große farbige
Bastelbuch für Kinder
(4254) Von U. Barff, I. Burkhardt, J. Maier. 224 S., 157 Farbfotos, 430 Farb- und 69 s/w-Zeichnungen, Pappband. ●●●

Punkt, Punkt, Komma, Strich
Zeichenstunden für Kinder. (0564) Von H. Witzig, 144 S., über 250 Zeichnungen, kart. ●

Einmal grad und einmal krumm
Zeichenstunden für Kinder. (0599) Von H. Witzig, 144 S., 363 Abb. kart. ●

Naive Malerei
Materialien · Motive · Techniken. (5083) Von F. Krettek, 64 S., 76 Farbfotos, Pappband. ●●

Bauernmalerei
als Kunst und Hobby. (4057) Von A. Gast, H. Stegmüller, 128 S., 239 Farbfotos, 26 Riß-Zeichnungen, Pappband. ●●●●

Hobby Bauernmalerei
(0436) Von S. Ramos und J. Roszak, 80 S., 116 Farbfotos und 28 Motivvorlagen, kart. ●●

Bauernmalerei
Kreatives Hobby nach alter Volkskunst (5039) Von S. Ramos, 64 S., 85 Farbfotos, Pappband. ●●

Glasmalerei
als Kunst und Hobby. (4088) Von F. Krettek und S. Beeh-Lustenberger, 132 S., 182 Farbfotos, 38 Motivvorlagen, Pappband. ●●●●

Naive Hinterglasmalerei
Materialien · Techniken · Bildvorlagen (5145) Von F. Krettek, 64 S., 87 Farbfotos, 6 Zeichnungen, Pappband. ●●

Kalligraphie
Die Kunst des schönen Schreibens (4263) Von C. Hartmann, 120 S., 44 Farbvorlagen, 29 s/w-Vorlagen, 2 s/w-Zeichnungen, 38 Farbfotos, Pappband. ●●●●

Seidenmalerei als Kunst und Hobby
(4264) Von S. Hahn, 136 S., 256 Farbfotos, 1 s/w-Foto, 34 Farbzeichnungen, Pappband. ●●●●

Kunstvolle Seidenmalerei
Mit zauberhaften Ideen zum Nachgestalten. (0783) Von I. Demharter, 32 S., 56 Farbfotos, Pappband. ●

Zauberhafte Seidenmalerei
Materialien · Techniken · Gestaltungsvorschläge. (0664) Von E. Dorn, 32 S., 62 Farbfotos, Pappband. ●

Neue zauberhafte Seidenmalerei
Motive und Anregungen aus der Natur. (0924) Von R. Henge, 80 S., 148 Farbfotos, 27 s/w-Zeichnungen, kart. ●●

Hobby Seidenmalerei
(0611) Von R. Henge, 88 S., 106 Farbfotos, 28 Zeichnungen, kart. ●●

Hobby Stoffdruck und Stoffmalerei
(0555) Von A. Ursin, 80 S., 68 Farbfotos, 68 Zeichnungen, kart. ●●

Stoffmalerei und Stoffdruck
Materialien · Techniken · Ideen · Modelle (5074) Von H. Gehring, 64 S., 110 Farbfotos, Pappband. ●●

Batik
leicht gemacht. Materialien ·Färbetechniken · Gestaltungsideen. (5112) Von A. Gast, 64 S., 105 Farbfotos, Pappband. ●●

Die hier vorgestellten Bücher, Videokassetten und Software sind in folgende Preisgruppen unterteilt:

● Preisgruppe bis DM 10,–/S 79,–
●● Preisgruppe über DM 10,– bis DM 20,– S 80,– bis S 160,–
●●● Preisgruppe über DM 20,– bis DM 30,– S 161,– bis S 240,–
●●●● Preisgruppe über DM 30,– bis DM 50,– S 241,– bis S 400,–
●●●●● Preisgruppe über DM 50,–/S 401,–
*(unverbindliche Preisempfehlung)

Die Preise entsprechen dem Status beim Druck dieses Verzeichnisses (s. Seite 1) – Änderungen, im besonderen der Preise, vorbehalten –

FALKEN

Kreatives Bilderweben
Materialien – Vorlagen – Motive
(0814) Von A. Schulte-Huxel, 32 S., 58 Farbfotos, 8 Zeichnungen, Pappband. ●

Hobby Applikationen
Materialien · Techniken · Modelle.
(0899) Von H. Probst-Reinhardt, 80 S., 92 Farbfotos, 31 Zeichnungen, kart. ●●

Flechten
mit Bast, Stroh und Peddigrohr. (5098) Von H. Hangleiter, 64 S., 47 Farbfotos, 76 Zeichnungen, Pappband. ●●

Falken-Handbuch
Nähen
Abc der Nähtechniken und kreative Modellschneiderei in ausführlichen Schritt-für-Schritt-Bildfolgen. (4272) Von A. Bree, 320 S., 1142 Abbildungen, Schnittmusterbogen für alle Modelle, Pappband. ●●●●

Falken-Handbuch
Häkeln
ABC der Häkeltechniken und Häkelmuster in ausführlichen Schritt-für-Schritt-Bildfolgen. (4194) Von H. Fuchs, M. Natter, 288 S., 597 Farbfotos, 476 farbige Zeichnungen. Pappband. ●●●●

Häkeln
Schritt für Schritt für Rechts- und Linkshänder. (5134) Von H. Klaus, 64 S., 120 Farbfotos, 144 Zeichnungen, Pappband. ●●

Monogrammstickerei
Mit Vorlagen für Initialen, Vignetten und Ornamente. (5148) Von H. Fuchs, 64 S., 50 Farbfotos, 50 Zeichnungen, Pappband. ●●

Falken-Handbuch
Stricken
ABC der Stricktechniken und Strickmuster in ausführlichen Schritt-für-Schritt-Bildfolgen. (4137) Von M. Natter, 312 S., 106 Farb- und 922 s/w-Fotos, 318 Zeichnungen, Pappband. ●●●●

Das moderne Standardwerk von der Expertin
Perfekt Stricken
Mit Sonderteil Häkeln. (4250) Von H. Jaacks, 256 S., 703 Farbfotos, 169 Farb- und 121 s/w-Zeichnungen, Pappband. ●●●

Videokassette Stricken
(6007) VHS. Von P. Krolikowski-Habicht, H. Jaacks, 51 Min., in Farbe. ●●●●*

Stricken
Schritt für Schritt für Rechts- und Linkshänder. (5142) Von S. Oelwein-Schefczik, 64 S., 148 Farbfotos, 173 Zeichnungen, Pappband. ●●

Die schönsten Handarbeiten zum Verschenken
(4225) Von B. Wenzelburger, 128 S., 156 Farbfotos, 70 zweifarbige Zeichnungen, Pappband. ●●●●

Kuscheltiere stricken und häkeln
Arbeitsanleitungen und Modelle. (0734) Von B. Wehrle, 32 S., 60 Farbfotos, 28 Zeichnungen, Spiralbindung. ●

Hobby Patchwork und Quilten
(0768) Von B. Staub-Wachsmuth, 80 S., 108 Farbabb., 43 Zeichnungen, kart. ●●

Hobby Spitzencollagen
Bezaubernde Motive aus edlem Material. (0847) Von H. Westphal, 80 S., 186 Farbfotos, kart. ●●

Textiles Gestalten
Weben, Knüpfen, Batiken, Sticken, Objekte und Strukturen. (5123) Von J. Fricke, 136 S., 67 Farb- und 189 s/w-Fotos, 15 Zeichnungen, kart. ●●

Gestalten mit Glasperlen
fädeln · sticken · weben (0640) Von A. Köhler, 32 S., 55 Farbfotos, Spiralbindung. ●

Schmuck, Accessoires und Dekoratives
aus Fimo modelliert. (0873) Von A. Aurich, 32 S., 54 Farbfotos, Pappband. ●

Exklusiver Modeschmuck
aus dem eigenen Atelier
(0925) Von J. Niemeier, J. Klein, 80 S., 141 Farbfotos, 25 Zeichnungen, kart. ●●

Neue zauberhafte Salzteig-Ideen
(0719) Von I. Kiskalt, 80 S., 324 Farbfotos, 12 Zeichnungen, kart. ●●

Hobby Salzteig
(0662) Von I. Kiskalt, 80 S., 150 Farbfotos, 5 Zeichnungen, Schablonen, kart. ●●

Gestalten mit Salzteig
formen · bemalen · lackieren. (0613) Von W.-U. Cropp, 32 S., 56 Farbfotos, 17 Zeichnungen, Pappband. ●

Originell und dekorativ
Salzteig mit Naturmaterialien
(0833) Von A. und H. Wegener, 80 S., 166 Farbfotos, kart. ●●

Buntbemalte Kunstwerke aus Salzteig
Figuren, Landschaften und Wandbilder. (5141) Von G. Belli, 64 S., 165 Farbfotos, 1 Zeichnung, Pappband. ●●

Kreatives Gestalten mit Salzteig
Originelle Motive für Fortgeschrittene. (0769) Hrsg. I. Kiskalt, 80 S., 168 Farbfotos, kart. ●●

Videokassette Salzteig
(6010) VHS. Von I. Kiskalt, Dr. A. Teuchert, in Farbe, ca. 35 Min. ●●●●●*

Tiffany-Spiegel selbermachen
Materialien · Arbeitsanleitung · Vorlagen. (0761) Von R. Thomas, 32 S., 53 Farbfotos, Pappband. ●

Tiffany-Schmuck selbermachen
Materialien · Arbeitsanleitungen · Modelle. (0871) Von B. Poludniak, H. W. Scheib, 32 S., 54 Farbfotos, 3 Zeichnungen, Pappband. ●

Tiffany-Lampen selbermachen
Arbeitsanleitung · Materialien · Modelle. (0684) Von I. Spliethoff, 32 S., 60 Farbfotos, Pappband. ●

Hobby Glaskunst in Tiffany-Technik
(0781) Von N. Köppel, 80 S., 194 Farbfotos, 6 s/w-Abb., kart., ●●

Altes Brauchtum neu endeckt
Schmuck-Eier
Kunstvoll gestalten und verzieren. (0919) Von I. Kiskalt, 32 S., 45 Farbfotos, 3 s/w-Zeichnungen, Pappband. ●

Origami –
Die Kunst des Papierfaltens. (0280) Von R. Harbin, 160 S., 633 Zeichnungen, kart. ●

Hobby Origami
Papierfalten für groß und klein.
(0756) Von Z. Aytüre-Scheele, 88 S., über 800 Farbfotos, kart. ●●

Neue zauberhafte Origami-Ideen
Papierfalten für groß und klein.
(0805) Von Z. Aytüre-Scheele, 80 S., 720 Farbfotos, kart. ●●

Weihnachtsbasteleien
(0667) Von M. Kühnle und S. Beck, 32 S., 56 Farbfotos, 6 Zeichnungen, Pappband. ●

Alle Jahre wieder…
Avent und Weihnachten
Basteln – Backen – Schmücken – Singen – Vorlesen – Feiern.
(4260) Von H. und Y. Nadolny, 256 S., 105 Farbfotos, 130 Zeichnungen, Pappband. ●●●

Bastelspaß mit der Laubsäge
Mit Schnittmusterbogen für viele Modelle in Originalgröße. (0741) Von L. Giesche, M. Bausch, 32 S., 61 Farbfotos, 7 Zeichnungen, Schnittmusterbogen, Pappband. ●

Strohschmuck selbstgebastelt
Sterne, Figuren und andere Dekorationen (0740) Von E. Rombach, 32 S., 60 Farbfotos, 17 Zeichnungen, Pappband. ●

Das Herbarium
Pflanzen sammeln, bestimmen und pressen. (5113) Von I. Gabriel, 96 S., 140 Farbfotos, Pappband. ●●

Gestalten mit Naturmaterialien
Zweige, Kerne, Federn, Muscheln und anderes. (5128) Von I. Krohn, 64 S., 101 Farbfotos, 11 farbige Zeichnungen, Pappband. ●●

Blütenbilder aus Blumen und Blättern
Phantasievolle Naturcollagen.
(0872) Von G. Schamp, 32 S., 57 Farbfotos, 1 Zeichnung, Pappband. ●

Dauergestecke
mit Zweigen, Trocken- und Schnittblumen. (5121) Von G. Vocke, 64 S., 57 Farbfotos, Pappband. ●●

Ikebana
Einführung in die japanische Kunst des Blumensteckens. (0548) Von G. Vocke, 152 S., 47 Farbfotos, kart. ●●

Hobby Trockenblumen
Gewürzsträuße, Gestecke, Kränze, Buketts. (0643) Von R. Strobel-Schulze, 88 S., 170 Farbfotos, kart. ●●

Hobby Gewürzsträuße
und zauberhafte Gebinde nach Salzburger Art. (0726) Von A. Ott, 80 S., 101 Farbfotos, 51 farbige Zeichnungen, kart. ●●

Trockenblumen und Gewürzsträuße
(5084) Von G. Vocke, 64 S., 63 Farbfotos, Pappband. ●●

Töpfern
als Kunst und Hobby. (4073) Von J. Fricke, 132 S., 37 Farbfotos, 222 s/w-Fotos, Pappband. ●●●●

Kreatives Gestalten mit Ton
Töpfern ohne Scheibe – Aufbaukeramik
(0896) Von A. Riedinger, 80 S., 207 Farbfotos, 16 Zeichnungen, 7 Vignetten, kart. ●●

Schöne Sachen modellieren
Originelles aus Cernit – ideenreich gestaltet. (0762) Von G. Thelen, 32 S., 105 Farbfotos, Pappband. ●

Porzellanpuppen
Zauberhafte alte Puppen selbst nachbilden. (5138) Von C. A. und D. Stanton, 64 S., 58 Farbfotos, 22 Zeichnungen, Pappband. ●●

Zauberhafte alte Puppen
Sammeln · Restaurieren · Nachbilden
(4255) Von C. A. Stanton, J. Jacobs, 120 S., 157 Farbfotos, 24 Zeichnungen, Pappband. ●●●●

Die hier vorgestellten Bücher, Videokassetten und Software sind in folgende Preisgruppen unterteilt:

● Preisgruppe bis DM 10,–/S 79,–
●● Preisgruppe über DM 10,– bis DM 20,– S 80,– bis S 160,–
●●● Preisgruppe über DM 20,– bis DM 30,– S 161,– bis S 240,–
●●●● Preisgruppe über DM 30,– bis DM 50,– S 241,– bis S 400,–
●●●●● Preisgruppe über DM 50,–/S 401,–
*(unverbindliche Preisempfehlung)

Die Preise entsprechen dem Status beim Druck dieses Verzeichnisses (s. Seite 1) – Änderungen, im besonderen der Preise, vorbehalten –

FALKEN

Stoffpuppen
Liebenswerte Modelle selbermachen. (5150) Von I. Wolff, 56 S., 115 Farbfotos, 15 Zeichnungen, mit Schnittmusterbogen, Pappband. ●●

Hobby Puppen
Bezaubernde Modelle selbst gestalten. (0742) Von B. Wenzelburger, 88 S., 163 Farbfotos, 41 Zeichnungen, 11 Schnittmuster, kart. ●●

Selbstgestrickte Puppen
Materialien und Arbeitsanleitungen. (0638) Von B. Wehrle, 32 S., 21 Farbfotos, 24 Zeichnungen, Pappband. ●

Dekorative Rupfenpuppen
Arbeitsanleitungen und Gestaltungsvorschläge. (0733) Von B. Wenzelburger, 32 S., 57 Farbfotos, 14 Zeichnungen, Spiralbindung. ●

Phantasiepuppen stricken und häkeln
Märchenhafte Modelle mit Arbeitsanleitungen. (0813) Von B. Wehrle, 32 S., 26 Farbfotos, 30 einfarbige und 16 dreifarbige Zeichnungen, Pappband. ●

Heißgeliebte Teddybären
Selbermachen · Sammeln · Restaurieren. (0900) Von H. Nadolny, Y. Thalheim, 80 S., 119 Farbfotos, 23 s/w-Zeichnungen, 14 S. Schnittmusterbogen, kart. ●●

Schritt für Schritt zum Scherenschnitt
Materialien · Techniken · Gestaltungsvorschläge. (0732) Von H. Klingmüller, 32 S., 38 Farbfotos, 34 Vorlagen, Pappband. ●

Hobby Drachen
bauen und steigen lassen. (0767) Von W. Schimmelpfennig, 80 S., 1 dreiseitige Ausklapptafel, 55 Farbfotos, 139 Zeichnungen, kart. ●●

Ferngelenkte Motorflugmodelle
bauen und fliegen. (0400) Von W. Thies, 184 S., mit Zeichnungen und Detailplänen, kart. ●●

Flugmodelle
bauen und einfliegen. (0361) Von W. Thies und W. Rolf, 160 S., 63 Abb., 7 Faltpläne, kart. ●●

Kleine Welt auf Rädern
Das faszinierende Spiel mit **Modelleisenbahnen** (4175) Von F. Eisen, 256 S., 72 Farb- und 180 s/w-Fotos, 25 Zeichnungen, Pappband. ●●●

Anlagenbau in Modultechnik
für Modelleisenbahnen und Dioramen. (0845) Von J. Thal, 104 S., 68 Farbfotos, 28 Zeichnungen, kart. ●●●

Videokassette
Die Modelleisenbahn
Anlagenbau in Modultechnik. Neue kreative Gestaltung. Neue raffinierte Techniken. (6028) VHS, von J. Grahn, 30 Min., in Farbe, ●●●●*

Schiffsmodelle
selber bauen. (0500) Von D. und R. Lochner, 200 S., 93 Zeichnungen, 2 Faltpläne, kart. ●●

Ferngelenkte Segelflugmodelle
bauen und fliegen. (0446) Von W. Thies, 176 S., 22 s/w-Fotos, 115 Zeichnungen, kart. ●●

Garagentore selbst bemalt
Techniken und Motive. (0786) Von H. und Y. Nadolny, 32 S., 24 Farbfotos, 12 s/w-Zeichnungen, Pappband. ●

Falken Handbuch
Heimwerken
Reparieren und Selbermachen im Haus und Wohnung - über 1100 Farbfotos. Praktische Tips vom Profi: Selbermachen, Reparieren, Renovieren, Kostensparen. (4117) Von Th. Pochert, 440 S., 1103 Farbfotos, 100 ein- und zweifarbige Abb., Pappband. ●●●●

Falken-Heimwerker-Praxis
Tapezieren
(0743) Von W. Nitschke, 112 S., 186 Farbfotos, 9 Zeichnungen, kart. ●●

Falken-Heimwerker-Praxis
Anstreichen und Lackieren
(0771) Von P. Müller, 120 S., 186 Farbfotos, 2 s/w Fotos, 3 Zeichnungen, kart. ●●

Falken-Heimwerker-Praxis
Fahrrad-Reparaturen
(0796) Von R. van der Plas, 112 S., 140 Farbfotos, 113 farbige Zeichnungen, kart. ●●

Falken-Heimwerker-Praxis
Kleinmöbel aus Holz
(0905) Von O. Maier, 128 S., 210 Farbfotos, 80 Zeichnungen, kart. ●●

Restaurieren von Möbeln
Stilkunde, Materialien, Techniken, Arbeitsanleitungen in Bildfolgen. (4120) Von E. Schnaus-Lorey, 152 S., 37 Farbfotos, 75 s/w Fotos, 352 Zeichnungen, Pappband. ●●●●

Möbel aufarbeiten, reparieren und pflegen
(0386) Von E. Schnaus-Lorey, 96 S., 28 Fotos, 101 Zeichnungen, kart. ●

Feuerzeichen behaglicher Wohnkultur
Kachelöfen, Kamine und Kaminöfen
(4288) Hrsg. von C. Berninghaus. Von R. Heinen, G. Kosicek, H. P. Sabborrosch, 168 S., 291 Farbfotos, 2 s/w-Fotos, 8 Zeichnungen, Pappband. ●●●●●

Moderne Fotopraxis
(4401) Von G. Koshofer, Prof. H. Wedewardt, 224 S., 363 Farbfotos, 106 s/w-Fotos, 5 Farb- und 24 s/w-Zeichnungen, Pappband. ●●●

Aktfotografie
Interpretationen zu einem unerschöpflichen Thema. Gestaltung · Technik · Spezialeffekte. (0737) Von H. Wedewardt, 88 S., 144 Farb- und 6 s/w-Fotos, 6 Zeichnungen, kart. ●●

Videokassette
Aktfotografie
(6001) VHS, Laufzeit ca. 60 Min. in Farbe. ●●●●●*

So macht man bessere Fotos
Das meistverkaufte Fotobuch der Welt. (0614) Von M. L. Taylor, 192 S., 457 Farbfotos, 15 Abb., kart. ●●

Schmalfilmen
Ausrüstung · Aufnahmepraxis · Schnitt · Ton. (0342) Von U. Ney, 108 S., 4 Farbtafeln, 25 s/w-Fotos, kart. ●

Schmalfilme selbst vertonen
(0593) Von U. Ney, 96 S., 57 s/w-Fotos, 14 Zeichnungen, kart. ●

Videografieren
Filmen mit Video 8. Technik – Bildgestaltung – Schnitt – Vertonung. (0843) Von M. Wild, K. Möller, 120 S., 101 Farbfotos, 22 s/w-Fotos, 52 Zeichnungen, kart. ●●

Videokassette
Videografieren
Filmen mit Video 8. Technik – Bildgestaltung – Schnitt – Vertonung. (6031) VHS, (6033) Beta, (6034) Sony 8 mm, von M. Wild, 60 Min., in Farbe. ●●●●●*

Mit vollem Genuß
Pfeife rauchen
Alles über Tabaksorten, Pfeifen und Zubehör. (4227) Von H. Behrens, H. Frickert, 168 S., 127 Farbfotos, 18 Zeichnungen, Pappband. ●●●●

Die Fazination der Philatelie
Briefmarken sammeln
(4273) Von D. Stein, 212 S., 124 s/w-Fotos, 24 Farbtafeln, Pappband. ●●●

Briefmarken
sammeln für Anfänger. (0481) Von D. Stein. 120 S., 4 Farbtafeln, 98 s/w-Abb., kart. ●

Münzen
Ein Brevier für Sammler. (0353) Von E. Dehnke, 128 S., 4 Farbtafeln, 17 s/w-Abb., kart. ●●

Astronomie als Hobby
Sternbilder und Planeten erkennen und benennen. (0572) Von D. Block, 176 S., 16 Farbtafeln, 49 s/w-Fotos, 93 Zeichnungen, kart. ●●

Astronomie im Bild
Unser Sternenhimmel rund ums Jahr
(0849) Von Dr. E. Übelacker, 88 S., 48 Farbfotos, 1 s/w-Foto, 68 Farbzeichnungen, kart. ●●

Freizeit mit dem Mikroskop
(0291) Von M. Deckart, 132 S., 8 Farbtafeln, 64 s/w-Abb., 2 Zeichnungen, kart. ●

Gitarre spielen
Ein Grundkurs für den Selbstunterricht. (0534) Von A. Roßmann, 96 S., 1 Schallfolie, 150 Zeichnungen, kart. ●●●

Komm mit ins Land der Lieder
Das große Buch der Kinder-, Volks- und Chorlieder. (4261) Hrsg. von H. Rauhe, 176 S., 146 Farbzeichnungen, Pappband. ●●●

Die schönsten Wander- und Fahrtenlieder
(0462) Hrsg. von F. R. Miller, empfohlen vom Deutschen Sängerbund, 80 S., mit Noten und Zeichnungen, kart. ●

Die schönsten Volkslieder
(0432) Hrsg. von D. Walther, 128 S., mit Noten und Zeichnungen, kart. ●

Technik

Dampflokomotiven
(4204) Von W. Jopp, 96 S., 134 Farbfotos, Pappband. ●●●

Die Super-Eisenbahnen der Welt
(4287) Von W. Kosak, H. G. Isenberg, 224 S., 269 Farbfotos, 79 s/w-Fotos, 8 Vignetten, 5 farb. Ausklapptafeln, Pappband. ●●●●

Zivilflugzeuge
Vom Kleinflugzeug zum Überschall-Jet (4218) Von R. J. Höhn, H. G. Isenberg, 96 S., 115 Farbfotos, Pappband. ●●●

Trucks
Giganten der Landstraßen in aller Welt. (4222) Von H. G. Isenberg, 96 S., 131 Farbfotos, Pappband. ●●●

Die Super-Trucks der Welt
(4257) Von H. G. Isenberg, 194 S., 205 Farbfotos, 87 s/w-Fotos, 7 Farbzeichnungen, 4 Ausklapptafeln, Pappband. ●●●●

Die hier vorgestellten Bücher, Videokassetten und Software sind in folgende Preisgruppen unterteilt:

- ● Preisgruppe bis DM 10,–/S 79,–
- ●● Preisgruppe über DM 10,– bis DM 20,– S 80,– bis S 160,–
- ●●● Preisgruppe über DM 20,– bis DM 30,– S 161,– bis S 240,–
- ●●●● Preisgruppe über DM 30,– bis DM 50,– S 241,– bis S 400,–
- ●●●●● Preisgruppe über DM 50,–/S 401,–

*(unverbindliche Preisempfehlung)

Die Preise entsprechen dem Status beim Druck dieses Verzeichnisses (s. Seite 1) – Änderungen, im besonderen der Preise, vorbehalten –

Die Super-Motorräder der Welt
(4193) Von H. G. Isenberg, 192 S., 170 Farb- und 100 s/w-Fotos, 8 Zeichnungen, Pappband. ●●●●

Motorrad-Hits
Chopper, Tribikes, Heiße Öfen. (4221) Von H. G. Isenberg, 96 S., 119 Farbfotos, Pappband. ●●●

Motorrad-Faszination
Heiße Öfen, von denen jeder träumt. (4223) Von H. G. Isenberg, 96 S., 103 Farb- und 20 s/w-Fotos, Pappband. ●●●

Sport und Fitneß

ZDF Sportjahr '87
Rekorde, Siege, Schicksale, Ergebnisse, Termine '88
(4290) Hrsg. von B. Heller, 192 S., 275 Farb- und 4 s/w-Fotos, kart. ●●

Neue Lehrmethoden der Judo-Praxis
(0424) Von P. Herrmann, 223 S., 475 Abb., kart. ●●

Judo
Grundlagen – Methodik. (0305) Von M. Ohgo, 208 S., 1025 Fotos, kart. ●●

Fußwürfe
für Judo, Karate und Selbstverteidigung. (0439) Von H. Nishioka, 96 S., 260 Abb., kart. ●

Modernes Karate
Das große Standardwerk mit 2229 Abbildungen. (4280) Von T. Okazaki, Dr. med. M. V. Stricevic, übers. von M. Pabst, 376 S., 2279 Abbildungen, Pappband. ●●●●●

Karate für alle
Karate-Selbstverteidigung in Bildern. (0314) Von A. Pflüger, 112 S., 356 s/w-Fotos, kart. ●

Nakayamas Karate perfekt 1
Einführung. (0487) Von M. Nakayama, 136 S., 605 s/w-Fotos, kart. ●●

Nakayamas Karate perfekt 2
Grundtechniken. (0512) Von M. Nakayama, 136 S., 354 s/w-Fotos, 53 Zeichnungen, kart. ●●

Nakayamas Karate perfekt 3
Kumite 1: Kampfübungen. (0538) Von M. Nakayama, 128 S., 424 s/w-Fotos, kart. ●●

Nakayamas Karate perfekt 4
Kumite 2: Kampfübungen. (0547) Von M. Nakayama, 128 S., 394 s/w-Fotos, kart. ●●

Nakayamas Karate perfekt 5
Kata 1: Heian, Tekki. (0571) Von M. Nakayama, 144 S., 1229 s/w-Fotos, kart. ●●

Nakayamas Karate perfekt 6
Kata 2: Bassai-Dai, Kanku-Dai, (0600) Von M. Nakayama, 144 S., 1300 s/w-Fotos, 107 Zeichnungen, kart. ●●

Nakayamas Karate perfekt 7
Kata 3: Jitte, Hangetsu, Empi. (0618) Von M. Nakayama, 144 S., 1988 s/w-Fotos, 105 Zeichnungen, kart. ●●

Nakayamas Karate perfekt 8
Gankaku, Jion. (0650) Von M. Nakayama, 144 S., 1174 s/w-Fotos, 99 Zeichungen, kart. ●●

Kontakt-Karate
Ausrüstung · Technik · Training. (0396) Von A. Pflüger, 112 S., 238 s/w-Fotos, kart. ●●

Karate-Do
Das Handbuch des modernen Karate. (4028) Von A. Pflüger, 360 S., 1159 Abb., Pappband. ●●●●

Bo-Karate
Kukishin-Ryu – die Techniken des Stockkampfes. (0447) Von G. Stiebler, 176 S., 424 s/w-Fotos, 38 Zeichnungen, kart. ●●

Karate 1
Einführung · Grundtechniken. (0227) Von A. Pflüger, 148 S., 195 s/w-Fotos, 120 Zeichnungen, kart. ●

Karate 2
Kombinationstechniken · Katas. (0239) Von A. Pflüger, 176 S., 452 s/w-Fotos und Zeichnungen, kart. ●

Karate Kata 1
Heian 1-5, Tekki 1, Bassai Dai. (0683) Von W.-D. Wichmann, 164 S., 703 s/w-Fotos, kart. ●●

Karate Kata 2
Jion, Empi, Kanku-Dai, Hangetsu. (0723) Von W.-D. Wichmann, 140 S., 661 s/ w-Fotos, 4 Zeichnungen, kart. ●●

25 Shotokan-Katas
Auf einen Blick: Karate-Katas für Prüfungen und Wettkämpfe. (0859) Von A. Pflüger, 88 S., 185 s/w-Abbildungen, 26 ganzseitige Tafeln mit über 1.600 Einzelschritten, kart. ●●

Videokassette
Karate
Einführung und Grundtechniken. (6037) VHS, Von A. Pflüger, ca. 45 Min., in Farbe, ●●●●●*

Ninja 1
Die Lehre der Schattenkämpfer. (0758) Von S. K. Hayes, 144 S., 137 s/w-Fotos, kart. ●●

Ninja 2
Die Wege zum Shoshin (0763) Von S. K. Hayes, 160 S., 309 s/w-Fotos, kart. ●●

Ninja 3
Der Pfad des Togakure-Kämpfers. (0764) Von S. K. Hayes, 144 S., 197 s/w-Fotos, 2 Zeichnungen, kart. ●●

Ninja 4
Das Vermächtnis der Schattenkämpfer. (0807) Von S. K. Hayes, 196 S., 466 s/w-Fotos, kart. ●●

Der König des Kung-Fu
Bruce Lee
Sein Leben und Kampf. (0392) Von L. Lee, 136 S., 104 s/w-Fotos, kart. ●●

Bruce Lees Kampfstil 1
Grundtechniken. (0473) Von B. Lee, M. Uyehara, 109 S., 220 Abb., kart. ●

Bruce Lees Kampfstil 2
Selbstverteidigungs-Techniken. (0486) Von B. Lee, M. Uyehara, 128 S., 310 Abb., kart. ●

Bruce Lees Kampfstil 3
Trainingslehre. (0503) Von B. Lee, M. Uyehara, 112 S., 246 Abb., kart. ●

Bruce Lees Kampfstil 4
Kampftechniken. (0523) Von B. Lee, M. Uyehara, 104 S., 211 Abb., kart. ●

Bruce Lees Jeet Kune Do
(0440) Von B. Lee, 192 S., mit 105 eigenhändigen Zeichnungen von B. Lee, kart. ●●

Ju-Jutsu 1
Grundtechniken – Moderne Selbstverteidigung. (0276) Von W. Heim, F. J. Gresch, 164 S., 450 s/w-Fotos, 8 Zeichnungen, kart. ●

Ju-Jutsu 2
für Fortgeschrittene und Meister. (0378) Von W. Heim, F. J. Gresch, 160 S., 798 s/w- Fotos, kart. ●●

Ju-Jutsu 3
Spezial-, Gegen- und Weiterführungs-Techniken. (0485) Von W. Heim, F. J. Gresch, 200 S., über 600 s/w-Fotos, kart. ●●

Ju-Jutsu als Wettkampf
(0826) Von G. Kulot, 168 S., 418 s/w-Fotos, 2 Zeichnungen, kart. ●●

Nunchaku
Waffe · Sport · Selbstverteidigung. (0373) Von A. Pflüger, 144 S., 247 Abb., kart. ●●

Shuriken · Tonfa · Sai
Stockfechten und andere bewaffnete Kampfsportarten aus Fernost. (0397) Von A. Schulz, 96 S., 253 s/w-Fotos, kart. ●●

Illustriertes Handbuch des Taekwondo
Koreanische Kampfkunst und Selbstverteidigung. (4053) Von K. Gil, 248 S., 1026 Abb., Pappband. ●●●

Taekwon-Do
Koreanischer Kampfsport. (0347) Von K. Gil, 152 S., 408 Abb., kart. ●●

Taekwondo perfekt 1
Die Formenschule bis zum Blaugurt. (0890) Von K. Gil, Kim Chul-Hwan, 176 S., 439 s/w-Fotos, 107 Zeichnungen, kart. ●●

Aikido
Lehren und Techniken des harmonischen Weges. (0537) Von R. Brand, 280 S., 697 Abb., kart. ●●

Kung-Fu und Tai-Chi
Grundlagen und Bewegungsabläufe. (0367) Von B. Tegner, 182 S., 370 s/w-Fotos, kart. ●●

Kung-Fu
Theorie und Praxis klassischer und moderner Stile. (0376) Von M. Pabst, 160 S., 330 Abb., kart. ●●

Shaolin-Kempo – Kung-Fu
Chinesisches Karate im Drachenstil. (0395) Von R. Czerni, K. Konrad. 246 S., 723 Abb., kart. ●●

Hap Ki Do
Grundlagen und Techniken koreanischer Selbstverteidigung. (0379) Von Kim Sou Bong, 112 S., 153 Abb., kart. ●●

Dynamische Tritte
Grundlagen für den Zweikampf. (0438) Von C. Lee, 96 S., 398 s/w-Fotos, 10 Zeichnungen, kart. ●

Kickboxen
Fitneßtraining und Wettkampfsport. (0795) Von G. Lemmens, 96 S., 208 s/w-Fotos, 23 Zeichnungen, kart. ●●

Selbstverteidigung
Abwehrtechniken für Sie und Ihn (0853) Von E. Deser, 96 S., 259 s/w-Fotos, kart. ●

Muskeltraining mit Hanteln
Leistungssteigerung für Sport und Fitness. (0676) Von H. Schulz, 108 S., 92 s/w-Fotos, 2 Zeichnungen, kart. ●

Leistungsfähiger durch Krafttraining
Eine Anleitung für Fitness-Sportler, Trainer und Athleten (0617) Von W. Kieser, 100 S., 20 s/w-Fotos, 62 Zeichnungen, kart. ●

Die Faszination athletischer Körper
Bodybuilding
mit Weltmeister Ralf Möller. (4281) Von R. Möller, 128 S., 169 Farbfotos, 14 s/w-Fotos, 1 Farbzeichnung, Pappband. ●●●●

Die hier vorgestellten Bücher, Videokassetten und Software sind in folgende Preisgruppen unterteilt:

● Preisgruppe bis DM 10,–/S 79,–
●● Preisgruppe über DM 10,– bis DM 20,– S 80,– bis S 160,–
●●● Preisgruppe über DM 20,– bis DM 30,– S 161,– bis S 240,–
●●●● Preisgruppe über DM 30,– bis DM 50,– S 241,– bis S 400,–
●●●●● Preisgruppe über DM 50,–/S 401,–
*(unverbindliche Preisempfehlung)

Die Preise entsprechen dem Status beim Druck dieses Verzeichnisses (s. Seite 1) – Änderungen, im besonderen der Preise, vorbehalten –

FALKEN

Falken-Verlag GmbH · Postfach 1120 D-6272 Niedernhausen/Ts. · Tel.: 06127/7020

Bodybuilding
Anleitung zum Muskel- und Konditionstraining für sie und ihn. (0604) Von R. Smolana. 160 S., 171 s/w-Fotos, kart. ●

Hanteltraining zu Hause
(0800) Von W. Kieser, 80 S., 71 s/w-Fotos, 4 Zeichnungen, kart. ●

Fit und gesund
Körpertraining und Bodybuilding zu Hause. (0782) Von H. Schulz, 80 S., 100 Farbfotos, 3 Zeichnungen, kart. ●●

Videokassette
Fit und gesund
(6013) VHS, Laufzeit 30 Minuten, in Farbe. ●●●●*

Bodybuilding für Frauen
Wege zu Ihrer Idealfigur (0661) Von H. Schulz, 108 S., 84 s/w-Fotos, 4 Zeichnungen, kart. ●●

Bodyshaping · Bodybuilding
Mit Anja Albrecht zur Idealfigur. (4405) Von A. Albrecht, 128 S., 164 Farbfotos, 4 s/w-Fotos, 1 Farb- und 1 s/w-Zeichnung, Pappband. ●●●●

Optimale Ernährung
für Krafttraining und Budybuilding. (0912) Von B. Dahmen, 88 S., 8 Farbtafeln, 8 Zeichnungen, kart. ●

Top-Form im Sport
Ernährungs-Training
Das Erfolgsprogramm für den Ausdauersportler. (0945) Von M. Inzinger, Dipl.-Oec. troph. G. Wagner, 160 S., 31 Farbzeichnungen, 16 Grafiken, kart. ●●

Gesund und leistungsfähig durch
Konditionsübungen, Fitneßtraining, Wirbelsäulengymnastik
(0844) Von R. Milser, K. Grafe, 104 S., 99 Farbfotos, 12 Farbzeichnungen, 5 s/w-Zeichnungen, kart. ●●

Stretching
Mit Dehnungsgymnastik zu Entspannung. Geschmeidigkeit und Wohlbefinden. (0717) Von H. Schulz, 80 S. 90 s/w-Fotos, kart. ●

Isometrisches Training
Übungen für Muskelkraft und Entspannung. (0529) Von L. M. Kirsch, 140 S., 162 s/w-Fotos, kart. ●

Gesund und fit durch Gymnastik
(0366) Von H. Pilss-Samek, 132 S., 150 Abb., kart. ●

Spaß am Laufen
Jogging für die Gesundheit. (0470) Von W. Sonntag, 140 S., 41 s/w-Fotos, 1 Zeichnung, kart. ●

Mein bester Freund, der Fußball
(5107) Von D. Brüggemann, D. Albrecht, 144 S., 171 Abb., kart. ●●

Fußball
Training und Wettkampf. (0448) Von H. Obermann, P. Walz, 166 S., 92 s/w-Fotos, 15 Zeichnungen, 29 Diagramme, kart. ●●

Handball
Technik · Taktik · Regeln. (0426) Von F. und P. Hattig, 128 S., 91 s/w-Fotos, 121 Zeichnungen, kart. ●●

Volleyball
Technik · Taktik · Regeln. (0351) Von H. Huhle, 104 S., 330 Abb., kart. ●

Badminton
Technik · Taktik · Training. (0699) Von K. Fuchs, L. Sologub, 168 S., 51 Abb., kart., ●●

Die neue Tennis-Praxis
Der individuelle Weg zu erfolgreichem Spiel. (4097) Von R. Schönborn, 240 S., 202 Farbzeichnungen, 31 s/w-Abb., Pappband. ●●●●

Erfolgreiche Tennis-Taktik
(4086) Von R. Ford Greene, übersetzt von M. R. Fischer, 182 S., 87 Abb., kart. ●●

Moderne Tennistechnik
(4187) Von G. Lam, 192 S., 339 s/w-Fotos, 91 Zeichnungen, kart. ●●●

Tennis
Technik · Taktik · Regeln. (0375) Von H. Elschenbroich, 112 S., 81 Abb., kart. ●

Tischtennis-Technik
Der individuelle Weg zu erfolgreichem Spiel. (0775) Von M. Perger, 144 S., 296 Abb. kart. ●●

Squash
Ausrüstung · Technik · Regeln. (0539) Von D. von Horn, H.-D. Stünitz, 96 S., 55 s/w-Fotos, 25 Zeichnungen, kart. ●

Golf
Ausrüstung · Technik · Regeln. (0343) Von J. C. Jessop, übersetzt von H. Biemer, mit einem Vorwort von H. Krings, Präsident des Deutschen Golf-Verbandes, 160 S., 65 Abb., Anhang Golfregeln des DGV, kart. ●●

Pool-Billard
(0484) Herausgegeben vom Deutschen Pool- Billard-Bund, von M. Bach, K.-W. Kühn, 104 S., mit über 64 Abb., kart. ●

Sportschießen
für jedermann. (0502) Von A. Kovacic, 124 S., 116 s/w-Fotos, kart. ●●

Fechten
Florett · Degen · Säbel. (0449) Von E. Beck, 88 S., 185 Fotos, 10 Zeichnungen, kart. ●●

Wir lernen tanzen
Standard- und lateinamerikanische Tänze. (0200) Von E. Fern, 168 S., 118 s/w-Fotos, 47 Zeichnungen, kart. ●

So tanzt man Rock'n'Roll
Grundschritte · Figuren · Akrobatik. (0573) Von W. Steuer und G. Marz, 224 S., 303 Abb., kart. ●●

Tanzen überall
Discofox, Rock'n'Roll, Blues, Langsamer Walzer, Cha-Cha-Cha zum Selberlernen. (0760) Von H. M. Pritzer, 112 S., 128 Farbfotos, kart. ●●

Anmutig und fit durch
Bauchtanz
(0911) Von Marta, 120 S., 229 Farbfotos, 6 s/w-Zeichnungen, kart. ●●

Fit mit **Stretching**
(2304) Von B. Kurz, 96 S., 255 Farbfotos, kart. ●●

Fit mit **Tai Chi**
als sanfte Körpererfahrung
(2305) Von B. u. K. Moegling, 112 S., 121 Farbfotos, 6 Farb- u. 4 s/w-Zeichnungen, kart. ●●

Fit mit **Volleyball**
(2302) Von Dr. A. Scherer, 104 S., 27 Farb- und 1 s/w-Foto, 12 Farb- und 29 s/w-Zeichnungen, kart. ●●

Fit mit **Tanzen**
(2303) Von K. Richter, H. Kleinow, 88 S., 94 Farbfotos, kart. ●●

Fit mit **Karate**
(2308) Von A. Pflüger, 96 S., 134 Farbfotos, 4 s/w-Zeichnungen, kart. ●●

Funboard-Surfen
Material · Technik · Regatten · Internationale Reviere. (4297) Von J. Evans, 144 S., 106 Farbfotos, 9 Farbzeichnungen, 68 zweifarbige und 5 s/w-Zeichnungen, kart. ●●●

Segeln
Der neue Grundschein – Vorstufe zum A-Schein – Mit Prüfungsfragen. (5147) Von C. Schmidt, 80 S., 8 Farbtafeln, 18 Farbfotos, 82 Zeichnungen, kart., ●●

Falken-Handbuch
Angeln
in Binnengewässern und im Meer. (4090) Von H. Oppel, 344 S., 24 Farbtafeln, 66 s/w-Fotos, 151 Zeichnungen, gebunden. ●●●●

Angeln
Kleine Fibel für den Sportfischer. (0198) Von E. Bondick, 96 S., 116 Abb., kart. ●

Sportfischen
Fische – Geräte – Techniken. (0324) Von H. Oppel, 144 S., 49 s/w-Fotos, 8 Farbtafeln, kart. ●

Sporttauchen
Theorie und Praxis des Gerätetauchens. (0647) Von S. Müßig, 144 S., 8 Farbtafeln, 35 s/w-Fotos, 89 Zeichnungen, kart. ●●

Ski-Gymnastik
Fit für Piste und Loipe. (0450) Von H. Pilss-Samek, 104 S., 67 s/w-Fotos, 20 Zeichnungen, kart. ●

Alpiner Skisport
Ausrüstung · Techniken · Skigymnastik. (5130) Von K. Meßmann, 128 S., 8 Farbtafeln, 93 s/ w-Fotos, 45 Zeichnungen, kart. ●●

Skilanglauf, Skiwandern
Ausrüstung · Techniken · Skigymnastik. (5129) Von T. Reiter und R. Kerler, 80 S., 8 Farbtafeln, 85 Zeichnungen und s/w-Fotos, kart. ●●

Eishockey
Lauf- und Stocktechnik, Körperspiel, Taktik, Ausrüstung und Regeln. (0414) Von J. Čapla, 264 S., 548 s/w-Fotos, 163 Zeichnungen, kart. ●●

Fibel für Kegelfreunde
Sport- und Freizeitkegeln · Bowling. (0191) Von G. Bocsai, 72 S., 62 Abb., kart. ●

Beliebte und neue Kegelspiele
(0271) Von G. Bocsai, 92 S., 62 Abb., kart. ●

111 spannende Kegelspiele
(2031) Von H. Regulski, 88 S., 53 Zeichnungen, kart., ●

Schach

Einführung in das Schachspiel
(0104) Von W. Wollenschläger und K. Colditz, 92 S., 116 Diagramme, kart. ●

Falken-Handbuch **Schach**
(4051) Von T. Schuster, 360 S., über 340 Diagramme, gebunden. ●●●●

Spielend Schach lernen
(2002) Von T. Schuster, 128 S., kart. ●

Kinder- und Jugendschach
Offizielles Lehrbuch des Deutschen Schachbundes zur Erringung der Bauern-, Turm- und Königsdiplome. (0561) Von B. J. Withuis, H. Pfleger, 144 S., 220 Zeichnungen und Diagramme, kart. ●●

Neue Schacheröffnungen
(0478) Von T. Schuster, 108 S., 100 Diagramme, kart. ●

Die hier vorgestellten Bücher, Videokassetten und Software sind in folgende Preisgruppen unterteilt:

● Preisgruppe bis DM 10,–/S 79,–
●● Preisgruppe über DM 10,– bis DM 20,– S 80,– bis S 160,–
●●● Preisgruppe über DM 20,– bis DM 30,– S 161,– bis S 240,–
●●●● Preisgruppe über DM 30,– bis DM 50,– S 241,– bis S 400,–
●●●●● Preisgruppe über DM 50,–/S 401,–
*(unverbindliche Preisempfehlung)

Die Preise entsprechen dem Status beim Druck dieses Verzeichnisses (s. Seite 1) – Änderungen, im besonderen der Preise, vorbehalten –

FALKEN

Schach für Fortgeschrittene
Taktik und Probleme des Schachspiels. (0219) Von R. Teschner, 96 S., 85 Diagramme, kart. ●

Taktische Schachendspiele
(0752) Von J. Nunn, 200 S., 151 Diagramme, kart. ●●

Die Schach-Revanche
Kasparow/Karpow 1986. (0831) Von O. Borik, H. Pfleger, M. Kipp-Thomas, 144 S., 19 s/w-Fotos, 72 Diagramme, kart. ●●

Schachstrategie
Ein Intensivkurs mit Übungen und ausführlichen Lösungen. (0584) Von A. Koblenz, dt. Bearb. von K. Colditz, 212 S., 240 Diagramme, kart. ●●

Schachtraining mit den Großmeistern
(0670) Von H. Bouwmeester, 128 S., 90 Diagramme, kart. ●●

Schach als Kampf
Meine Spiele und mein Weg. (0729) Von G. Kasparow, 144 S., 95 Diagramme, 9 s/w-Fotos, kart. ●●

Helmut Pflegers
Schachkabinett
Amüsante Aufgaben – überraschende Lösungen. (0877) Von H. Pfleger, 160 S., 118 Diagramme, kart. ●●

Die besten Partien deutscher Schachgroßmeister
(4121) Von H. Pfleger, 192 S., 29 s/w-Fotos, 89 Diagramme, Pappband. ●●●

Lehr-, Übungs- und Testbuch der Schachkombinationen
(0649) Von K. Colditz, 184 S., 227 Diagramme, kart. ●●

Die hohe Schule der
Schachkombination
(0920) Von W. Golz, P. Keres, 272 S., 322 Diagramme, Pappband. ●●

Offizielles Lehrbuch des Deutschen Schachbundes
Das systematische Schachtraining
Trainingsmethoden, Strategien und Kombinationen. (0857) Von Sergiu Samarian, 152 S., 159 Diagramme, 1 Zeichnung, kart. ●●

So denkt ein Schachmeister
Strategische und taktische Analysen. (0915) Von H. Pfleger, G. Treppner, 120 S., 75 Diagramme, kart. ●●

FALKEN-SOFTWARE
Das komplette Schachprogramm
Spielen, Trainieren, Problemlösen mit dem Computer. (7006) Von J. Egger, Diskette für C 64, C 128 PC, mit Begleitheft. ●●●●●*

Zug um Zug
Schach für jedermann 1
Offizielles Lehrbuch des Deutschen Schachbundes zur Erringung des Bauerndiploms. (0648) Von H. Pfleger, E. Kurz, 80 S., 24 s/w-Fotos, 8 Zeichnungen, 60 Diagramme, kart. ●

Zug um Zug
Schach für jedermann 2
Offizielles Lehrbuch des Deutschen Schachbundes zur Erringung des Turmdiploms. (0659) Von H. Pfleger, E. Kurz, 132 S., 8 s/w-Fotos, 14 Zeichnungen, 78 Diagramme, kart. ●

Zug um Zug
Schach für jedermann 3
Offizielles Lehrbuch des Deutschen Schachbundes zur Erringung des Königdiploms. (0728) Von H. Pfleger, G. Treppner, 128 S., 4 s/w-Fotos, 84 Diagramme, 10 Zeichnungen, kart. ●

Zug um Zug
Schach für jedermann 1
(7015) Wendediskette für C 64/C 128 PC, mit Begleitheft. ●●●●*
(7005) Wendediskette für Atari ST 520/1040, mit Begleitheft. ●●●●●*

Schach mit dem Computer
(0747) Von D. Frickenschmidt, 140 S., 112 Diagramme, 29 s/w-Fotos, 5 Zeichnungen, kart. ●●

Spiele und Denksport

Kartenspiele
(2001) Von C. D. Grupp, 144 S., kart. ●

Neues Buch der siebzehn und vier Kartenspiele
(0095) Von K. Lichtwitz, 96 S., kart. ●

Alles über Pokern
Regeln und Tricks. (2024) Von C. D. Grupp, 112 S., 29 Kartenbilder, kart. ●

Rommé und Canasta
in allen Variationen. (2025) Von C. D. Grupp, 124 S., 24 Zeichnungen, kart. ●

Schafkopf, Doppelkopf, Binokel, Cego, Gaigel, Jaß, Tarock und andere „Lokalspiele".
(2015) Von C. D. Grupp, 152 S., kart. ●●

Spielend Skat lernen
unter freundlicher Mitarbeit des Deutschen Skatverbandes. (2005) Von Th. Krüger, 156 S., 181 s/w-Fotos, 22 Zeichnungen, kart. ●

Das Skatspiel
Eine Fibel für Anfänger. (0206) Von K. Lehnhoff, überarb. von P. A. Höfges, 96 S., kart. ●

Black Jack
Regeln und Strategien des Kasinospiels. (2032) Von K. Kelbratowski, 88 S., kart. ●

Falken-Handbuch **Patiencen**
Die 111 interessantesten Auslagen. (4151) Von U. v. Lyncker, 216 S., 108 Abbildungen, Pappband. ●●●

Patiencen
in Wort und Bild. (2003) Von I. Wolter, 136 S., kart. ●

Neue Patienten
(2036) Von H. Sosna, 160 S., 43 Farbtafeln, kart. ●●

Falken-Handbuch **Bridge**
Von den Grundregeln zum Turnierspiel. (4092) Von W. Voigt und K. Ritz, 280 S., 792 Zeichnungen, gebunden. ●●●●

Spielend Bridge lernen
(2012) Von J. Weiss, 108 S., 58 Zeichnungen, kart. ●

Spieltechnik im Bridge
(2004) Von V. Mollo und N. Gardener, deutsche Adaption von D. Schröder, 216 S., kart. ●●

Besser Bridge spielen
Reiztechnik, Spielverlauf und Gegenspiel. (2026) Von J. Weiss, 144 S., 60 Diagramme, kart. ●●

Herausforderung im Bridge
200 Aufgaben mit Lösungen. (2033) Von V. Mollo, 152 S., kart. ●●

Präzisions-Treff im Bridge
(2037) Von E. Jannersten, 152 S., kart. ●●

Kartentricks
(2010) Von T. A. Rosee, 80 S., 13 Zeichnungen, kart. ●

Mah-Jongg
Das chinesische Glücks-, Kombinations- und Gesellschaftsspiel. (2030) Von U. Eschenbach, 80 S., 30 s/w-Fotos, 5 Zeichnungen, kart. ●

Neue Kartentricks
(2027) Von K. Pankow, 104 S., 20 Abb., kart. ●

Backgammon
für Anfänger und Könner. (2008) Von G. W. Fink und G. Fuchs, 116 S., 41 Abb., kart. ●

Würfelspiele
für jung und alt. (2007) Von F. Pruss, 112 S., 21 s/w-Zeichnungen, kart. ●

Gesellschaftsspiele
für drinnen und draußen. (2006) Von H. Görz, 128 S., kart. ●

Spiele für Party und Familie
(2014) Von Rudi Carrell, 160 S., 50 Abb., kart. ●

Das japanische Brettspiel Go
(2020) Von W. Dörholt, 104 S., 182 Diagramme, kart. ●

Roulette richtig gespielt
Systemspiele, die Vermögen brachten. (0121) Von M. Jung, 96 S., zahlreiche Tabellen, kart. ●

Spielend Roulette lernen
(2034) Von E. P. Caspar, 152 S., 1 s/w-Foto, 45 Zeichnungen, kart. ●●

Gesellschaftsspiele
für drinnen und draußen. (2006) Von H. Görz, 128 S., kart. ●

Spiele für Party und Familie
(2014) Von Rudi Carrel, 160 S., 50 Abb. kart. ●

Neue Spiele für Ihre Party
(2022) Von G. Blechner, 120 S., 54 Zeichnungen, kart. ●

Lustige Tanzspiele und Scherztänze
für Partys und Feste. (0165) Von E. Bäulke, 80 S., 53 Abb., kart. ●

Straßenfeste, Flohmärkte und Basare
Praktische Tips für Organisation und Durchführung. (0592) Von H. Schuster, 96 S., 52 Fotos, 17 Zeichnungen, kart. ●●

Zaubertricks für jedermann
(0282) Von J. Merlin, 176 S., 113 Abb., kart. ●●

Zaubern
einfach - aber verblüffend. (2018) Von D. Bouch, 84 S., 41 Zeichnungen, kart. ●

Magische Zaubereien
(0672) Von Widenmann, 64 S., 31 Zeichnungen, kart. ●

Kinderspiele
die Spaß machen. (2009) Von H. Müller-Stein, 112 S., 28 Abb., kart. ●

Spiele für Kleinkinder
(2011) Von D. Kellermann, 80 S., 23 Abb., kart. ●

Spiel und Spaß am Krankenbett
für Kinder und die ganze Familie. (2035) Von H. Bücken, 104 S., 97 Zeichnungen, kart. ●

Die hier vorgestellten Bücher, Videokassetten und Software sind in folgende Preisgruppen unterteilt:

● Preisgruppe bis DM 10,–/S 79,–
●● Preisgruppe über DM 10,– bis DM 20,– S 80,– bis S 160,–
●●● Preisgruppe über DM 20,– bis DM 30,– S 161,– bis S 240,–
●●●● Preisgruppe über DM 30,– bis DM 50,– S 241,– bis S 400,–
●●●●● Preisgruppe über DM 50,–/S 401,–
*(unverbindliche Preisempfehlung)

Die Preise entsprechen dem Status beim Druck dieses Verzeichnisses (s. Seite 1) – Änderungen, im besonderen der Preise, vorbehalten –

Kasperletheater
Spieltexte und Spielanleitungen · Basteltips für Theater und Puppen. (0641) Von U. Lietz, 136 S., 4 Farbtafeln, 12 s/w-Fotos, 39 Zeichnungen, kart. ●

Knobeleien und Denksport
(2019) Von K. Rechberger, 142 S., 105 Zeichnungen, kart. ●

Das Geheimnis der magischen Ringe
Alles über das Puzzle vom Würfel-Erfinder. Die schönsten Figuren.
(0878) Von Dr. Ch. Bandelow, 96 S., 198 Zeichnungen, 8 Cartoons, kart. ●

Quiz
Mehr als 1500 ernste und heitere Fragen aus allen Gebieten. (0129) Von R. Sautter und W. Pröve, 92 S., 9 Zeichnungen, kart. ●

500 Rätsel selberraten
(0681) Von E. Krüger, 272 S., kart. ●

501 Rätsel selberraten
(0711) Von E. Krüger, 272 S., kart. ●

Riesen-Kreuzwort-Rätsel-Lexikon
über 250.000 Begriffe. (4197) Von H. Schiefelbein, 1024 S., Pappband. ●●●

Das Super-Kreuzwort-Rätsel-Lexikon
Über 150.000 Begriffe. (4279) Von H. Schiefelbein, 688 S., Pappband. ●●

Guten Tag, Kinder!
Neue Texte mit Spielanleitungen fürs Kasperletheater. (0861) Von U. Lietz, 96 S., 18 s/w-Zeichnungen, kart. ●

Kindergeburtstag
Vorbereitung, Spiel und Spaß. (0287) Von Dr. I. Obrig, 136 S., 40 Abb., 11 Zeichnungen, 9 Lieder mit Noten, kart. ●

Kindergeburtstage die keiner vergißt
Planung, Gestaltung, Spielvorschläge. (0698) Von G. und G. Zimmermann, 102 S., 80 Vignetten, kart. ●

Kinderfeste
daheim und in Gruppen. (4033) Von G. Blechner, 240 S., 320 Abb., kart. ●●

Scherzfragen, Drudel und Blödeleien
gesammelt von Kindern. (0506) Hrsg. von W. Pröve, 112 S., 57 Zeichnungen, kart. ●

Humor und Unterhaltung

Heitere Vorträge und witzige Reden
Lachen, Witz und gute Laune. (0149) Von E. Müller, 104 S., 44 Abb., kart. ●

Heitere Vorträge
(0528) Von E. Müller, 128 S., 14 Zeichnungen, kart. ●

Die große Lachparade
Neue Texte für heitere Vorträge und Ansagen. (0188) Von E. Müller, 80 S., kart. ●

So feiert man Feste fröhlicher
Heitere Vorträge und Gedichte.
(0098) Von Dr. Allos, 96 S., 15 Abb., kart. ●

Lustige Vorträge für fröhliche Feiern
(0284) Von K. Lehnhoff, 96 S., kart. ●

Vergnügliches Vortragsbuch
(0091) Von J. Plaut, 192 S., kart. ●

Humor und Stimmung
Ein heiteres Vortragsbuch. (0460) Von G. Wagner, 112 S., kart. ●

Humor und gute Laune
Ein heiteres Vortragsbuch. (0635) Von G. Wagner, 112 S., 5 Zeichnungen, kart. ●

Gereimte Vorträge
für Bühne und Bütt. (0567) Von G. Wagner, 96 S., kart. ●

Damen in der Bütt
Scherze, Büttenreden, Sketsche.
(0354) Von T. Müller, 136 S., kart. ●

Narren in der Bütt
Leckerbissen aus dem rheinischen Karneval. (0216) Zusammengestellt von T. Lücker, 112 S., kart. ●

Rings um den Karneval
Karnevalsscherze und Büttenreden. (0130) Von Dr. Allos, 144 S., 2 Zeichnungen, kart. ●●

Helau und Alaaf 1
Närrisches aus der Bütt.
(0304) Von E. Müller, 112 S., 4 Zeichnungen, kart. ●

Helau und Alaaf 2
Neue Büttenreden.
(0477) Von E. Luft, 104 S., kart. ●

Helau und Alaaf 3
Neue Reden für die Bütt. (0832) Von H. Fauser, 144 S., 13 Zeichnungen, kart. ●

Wir feiern Karneval
Festgestaltung und Reden für die närrische Zeit. (0904) Von M. Zweigler, 120 S., 4 Zeichnungen, kart. ●

Tolle Sketche
mit zündenden Pointen – zum Nachspielen. (0656) Von E. Cohrs, 112 S., kart. ●

Vergnügliche Sketche
(0476) Von H. Pillau, 96 S., 7 Zeichnungen, kart. ●

Fidele Sketche und heitere Vorträge
Humor zum Nachspielen. (0157) Von H. Ehnle. 96 S., kart. ●

Vorhang auf!
Neue Sketche für jung und alt.
(0898) Von H. Pillau, 96 S., 22 Zeichnungen, kart. ●

Sketche und spielbare Witze
für bunte Abende und andere Feste. (0445) Von H. Friedrich, 120 S., 7 Zeichnungen, kart. ●

Sketche
Kurzspiele zu amüsanter Unterhaltung. (0247) Von M. Gering, 132 S., 16 Abb., kart., ●

Witzige Sketche zum Nachspielen
(0511) Von D. Hallervorden, 160 S., kart. ●●

Sketche und Blackouts zum Nachspielen
(0941) Von E. Cohrs, 112 S., 12 Zeichnungen, kart. ●

Locker vom Hocker
Witzige Sketche zum Nachspielen.
(4262) Von W. Giller, 144 S., 41 Zeichnungen, Pappband. ●●

Phantasievolles Schminken
Verzauberte Gesichter für Maskeraden, Laienspiel und Kinderfeste. (0907) Hrsg. von Y. u. H. Nadolny, 64 S., 227 Farbfotos, kart. ●●

Die Kleidermotte ernährt sich von nichts, sie frißt nur Löcher
Stilblüten, Sprüche und Widersprüche aus Schule, Zeitung, Rundfunk und Fernsehen. (0738) Von P. Haas, D. Kroppach, 112 S., zahlreiche Abb. kart. ●

Da lacht das Publikum
Neue lustige Vorträge für viele Gelegenheiten. (0716) Von H. Schmalenbach, 104 S., kart. ●

Witzig, witzig
(0507) Von E. Müller, 128 S., 16 Zeichnungen, kart. ●

Die besten Witze und Cartoons des Jahres 1
(0454) Hrsg. von K. Hartmann, 288 S., 125 Zeichnungen, geb. ●●

Die besten Witze und Cartoons des Jahres 4
(0579) Hrsg. von K. Hartmann, 288 S., 140 Zeichnungen, Pappband. ●●

Die besten Witze und Cartoons des Jahres 5
(0642) Hrsg. von K. Hartmann, 288 S., 88 Zeichnungen, Pappband. ●●

Die besten Witze und Cartoons des Jahres 6
(0916) Hrsg. von D. Kroppach, 288 S., 84 Zeichnungen, Pappband. ●●

Das Superbuch der Witze
(4146) Von B. Bornheim, 504 S., 54 Cartoons, Pappband. ●●

Witze
Lachen am laufenden Band (4241) Von J. Burkert, D. Kroppach, 400 S., 41 Zeichnungen, Pappband. ●●

Heller Wahnwitz
(0887) Von D. Kroppach, 220 S., 200 Vignetten, kart. ●

Spaßvögel
Über sexhundert komische Nummern.
(0888) Von E. Zeller, mit Limericks von W. Müller, 220 S., 200 Vignetten, kart. ●

Total bescheuert
Kinder- und Schülerwitze.
(0889) Von G. Geßner und E. Zeller, 220 S., 200 Vignetten, kart. ●

Die besten Beamtenwitze
(0574) Hrsg. von W. Pröve, 112 S., 59 Cartoons, kart. ●

Die besten Kalauer
(0705) Von K. Frank, 112 S., 12 Zeichnungen, kart., ●

Robert Lembkes Witzauslese
(0325) Von Robert Lembke, 160 S., 10 Zeichnungen von E. Köhler, Pappband. ●●

Fred Metzlers Witze mit Pfiff
(0368) Von F. Metzler, 112 S., kart. ●

O frivol ist mir am Abend
Pikante Witze von Fred Metzler. (0388) Von F. Metzler, 128 S., mit Karikaturen, kart. ●

Herrenwitze
(0589) Von G. Wilhelm, 112 S., 31 Zeichnungen, kart. ●

Witze am laufenden Band
(0461) Von F. Asmussen, 118 S., kart. ●

Horror zum Totlachen
Gruselwitze
(0536) Von F. Lautenschläger, 96 S., 44 Zeichnungen, kart. ●

Die besten Ostfriesenwitze
(0495) Hrsg. von O. Freese, 80 S., 15 Zeichnungen, kart. ●

Olympische Witze
Sportlerwitze in Wort und Bild.
(0505) Von W. Willnat, 112 S., 126 Zeichnungen, kart. ●

Ich lach mich kaputt! Die besten Kinderwitze
(0545) Von E. Hannemann, 128 S., 15 Zeichnungen, kart. ●

Die hier vorgestellten Bücher, Videokassetten und Software sind in folgende Preisgruppen unterteilt:

● Preisgruppe bis DM 10,–/S 79,–
●● Preisgruppe über DM 10,– bis DM 20,– S 80,– bis S 160,–
●●● Preisgruppe über DM 20,– bis DM 30,– S 161,– bis S 240,–
●●●● Preisgruppe über DM 30,– bis DM 50,– S 241,– bis S 400,–
●●●●● Preisgruppe über DM 50,–/S 401,–
*(unverbindliche Preisempfehlung)

Die Preise entsprechen dem Status beim Druck dieses Verzeichnisses (s. Seite 1) – Änderungen, im besonderen der Preise, vorbehalten –

Lach mit!
Witze für Kinder, gesammelt von Kindern. (0468) Hrsg. von W. Pröve, 96 S., 17 Zeichnungen, kart. ●

Die besten Kinderwitze
(0757) Von K. Rank, 112 S., 28 Zeichnungen, kart. ●

Lustige Sketche für Jungen und Mädchen
Kurze Theaterstücke für Jungen und Mädchen. (0669) Von U. Lietz und U. Lange, 104 S., kart. ●

Spielbare Witze für Kinder
(0824) Von H. Schmalenbach, 128 S., 30 Zeichnungen, kart. ●

Garten, Tiere, Umwelt

Garten heute
Der moderne Ratgeber · Über 1000 Farbbilder. (4283) Von H. Jantra, 384 S., über 1000 Farbabbildungen, Pappband. ●●●●

Das Gartenjahr
Arbeitsplan für den Hobbygärtner. (4075) Von G. Bambach, 152 S., 16 Farbtafeln, 141 Abb., kart. ●●

Gärtner Gustavs Gartenkalender
Arbeitspläne · Pflanzenporträts · Gartenlexikon. (4155) Von G. Schoser, 120 S., 146 Farbfotos, 13 Tabellen, 203 farbige Zeichnungen, Pappband. ●●●

Der richtige Schnitt von Obst- und Ziergehölzen, Rosen und Hecken
(0619) Von E. Zettl, 88 S., 8 Farbtafeln, 39 Zeichnungen, 21 s/w-Fotos, kart. ●

Blumenpracht im Garten
(5014) Von I. Manz, 64 S., 93 Farbfotos, Pappband. ●●

Blütenpracht in Haus und Garten
(4145) Von M. Haberer, u. a., 352 S., 1012 Farbfotos, Pappband. ●●●●

Sag's mit Blumen
Pflege und Arrangieren von Schnittblumen. (5103) Von P. Möhring, 64 S., 68 Farbfotos, 2 s/w-Abb., Pappband. ●●

Grabgestaltung
Bepflanzung und Pflege zu jeder Jahreszeit. (5120) Von N. Uhl, 64 S., 77 Farbfotos, 2 Zeichnungen, Pappband. ●●

Wintergärten
Das Erlebnis, mit der Natur zu wohnen. Planen, Bauen und Gestalten. (4256) Von LOG, ID, 136 S., 130 Farbfotos, 107 Zeichnungen, Pappband. ●●●●

Häuser in lebendigem Grün
Fassaden und Dächer mit Pflanzen gestalten. (0846) Von U. Mehl, K. Werk, 88 S., 116 Farbfotos, 4 Farb- und 17 s/w-Zeichnungen, kart. ●●

Rund ums Jahr erfolgreich gärtnern
Gewächshäuser
planen · bauen · einrichten · nutzen. (4408) Von Dr. G. Schoser, J. Wolff, 232 S., 315 Farbfotos, 5 s/w-Fotos, 53 Farbzeichnungen, Pappband. ●●●●●

Gartenteiche und Wasserspiele
planen, anlegen und pflegen. (4083) Von H. R. Sikora, 160 S., 31 Farb- und 31 s/w-Fotos, 73 Zeichnungen, Pappband. ●●●

Wasser im Garten
Von der Vogeltränke zum Naturteich – Natürliche Lebensräume selbst gestalten. (4230) Von H. Hendel, P. Keßeler, 240 S., 247 Farbfotos, 68 Farbzeichnungen, Pappband. ●●●●●

Mein kleiner Gartenteich
planen – anlegen – pflegen
(0851) Von I. Polaschek, 144 S., 85 Farbfotos, 10 Farbzeichnungen, kart. ●●

Leben im Naturgarten
Der Biogärtner und seine gesunde Umwelt. (4124) Von N. Jorek, 128 S., 68 s/w-Fotos, kart. ●●

So wird mein Garten zum Biogarten
Alles über die Umstellung auf naturgemäßen Anbau. (0706) Von I. Gabriel, 128 S., 73 Farbfotos, 54 Farbzeichnungen, kart. ●●

Gesunde Pflanzen im Biogarten
Biologische Maßnahmen bei Schädlingsbefall und Pflanzenkrankheiten. (0707) Von I. Gabriel, 128 S., 126 Farbfotos, 12 Farbzeichnungen, kart. ●●

Kosmische Einflüsse auf unsere Gartenpflanzen
Sterne beeinflussen Wachstum und Gesundheit der Pflanzen. (0708) Von I. Gabriel, 112 S., 57 Farbfotos, 43 Farbzeichnungen, kart. ●●

Der Biogarten unter Glas und Folie
Ganzjährig erfolgreich ernten. (0722) Von I. Gabriel, 128 S., 62 Farbfotos, 45 Farbzeichnungen, kart. ●●

Obst und Beeren im Biogarten
Gesunde und schmackhafte Früchte durch natürlichen Anbau. (0780)Von I. Gabriel, 128 S., 38 Farbfotos, 71 Farbzeichnungen, kart. ●●

Kräuter und Heilpflanzen im Biogarten
Gesunde Ernte durch natürlichen Anbau. (0929) Von I. Gabriel, 112 S., 63 Farbfotos, 19 Farbzeichnungen, kart. ●●

Neuanlage eines Biogartens
Planung, Bodenvorbeitung, Gestaltung. (0721) Von I. Gabriel, 128 S., 73 Farbfotos, 39 Zeichnungen, kart. ●●

Der biologische Zier- und Wohngarten
Planen, Vorbereiten, Bepflanzen und Pflegen. (0748) Von I. Gabriel, 128 S., 72 Farbfotos, 46 Farbzeichnungen, kart. ●●

Gemüse im Biogarten
Gesunde Ernte durch naturgemäßen Anbau (0830) Von I. Gabriel, 128 S., 26 Farbfotos, 86 Farbzeichnungen, kart. ●●

Erfolgreich gärtnern
durch naturgemäßen Anbau
(4252) Von I. Gabriel, 416 S., 176 Farbfotos, 212 Farbzeichnungen, Pappband. ●●●

Das Bio-Gartenjahr
Arbeitsplan für naturgemäßes Gärtnern. (4169) Von N. Jorek, 128 S., 8 Farbtafeln, 70 s/w-Abb. kart. ●●

Selbstversorgung aus dem eigenen Anbau
Reichen Erntesegen verwerten und haltbar machen. (4182) Von M. Bustorf-Hirsch, M. Hirsch, 216 S., 270 Zeichnungen, Pappband. ●●●

Mischkultur im Nutzgarten
Mit Jahreskalender und Anbauplänen. (0651) Von H. Oppel, 112 S., 8 Farbtafeln, 23 s/w- Fotos, 29 Zeichnungen, kart. ●

Erfolgreich gärtnern mit
Frühbeet und Folie
(0828) Von Dr. Gustav Schoser, 88 S., 8 Farbtafeln, 46 s/w-Fotos, kart. ●

Erfolgstips für den Gemüsegarten
Mit naturgemäßem Anbau zu höherem Ertrag. (0674) Von F. Mühl, 80 S., 30 s/w-Fotos, 4 Zeichnungen, kart. ●

Erfolgstips für den Obstgarten
Gesunde Früchte durch richtige Sortenwahl und Pflege. (0827) Von F. Mühl, 184 S., 16 Farbtafeln, 33 Zeichnungen, kart. ●●

Erfolgstips für den Zierkarten
Schmuckpflanzen und Rasen richtig pflegen. (0930) Von F. Mühl, 156 S., 12 Farbtafeln, 26 s/w–Zeichnungen, kart. ●●

Gemüse, Kräuter, Obst aus dem Balkongarten – Erfolgreich ernten auf kleinstem Raum. (0694) Von S. Stein, 32 S., 34 Farbfotos, 6 Zeichnungen, Spiralbindung, kart. ●

Keime, Sprossen, Küchenkräuter
am Fenster ziehen – rund ums Jahr. (0658) Von F. und H. Jantzen, 32 S., 55 Farbfotos, Pappband. ●

Balkons in Blütenpracht
zu allen Jahreszeiten.
(5047) Von N. Uhl, 64 S., 80 Farbfotos, Pappband. ●●

Kletterpflanzen
Rankende Begrünung für Fassade, Balkon und Garten. (5140) Von M. Haberer, 64 S., 70 Farbabb., 2 Zeichnungen, Pappband. ●●

Mein Kräutergarten rund ums Jahr
Täglich schnittfrisch und gesund würzen. (4192) Von Prof. Dr. G. Lysek, 136 S., 15 Farbtafeln, 91 Zeichnungen, kart. ●●

Blühende Zimmerpflanzen
94 Arten mit Pflegeanleitungen. (5010) Von R. Blaich, 64 S., 107 Farbfotos, Pappband. ●●

Prof. Stelzers grüne Sprechstunde
Gesunde Zimmerpflanzen
Krankheiten erkennen und behandeln · Mit neuem Diagnosesystem. (4274) Von Prof. Dr. G. Stelzer, 192 S., 410 Farbfotos, 10 s/w-Zeichnungen, Pappband. ●●●●

365 Erfolgstips für schöne Zimmerpflanzen
(0893) Von H. Jantra, 144 S., 215 Farbfotos, kart. ●●

Videokassette
Pflanzenjournal
Blumen- und Pflanzenpflege im Jahreslauf. (6036) VHS, ca. 30 Min., in Farbe, ●●●●*

Blütenpracht in Grolit 2000
Der neue, mühelose Weg zu farbenprächtigen Zimmerpflanzen. (5127) Von G. Vocke, 64 S., 50 Farbfotos, Pappband. ●●

Ziergräser
Über 100 Arten erfolgreich kultivieren. (0829) Von H. Jantra, 104 S., 73 Farbfotos, 6 Farbzeichnungen, kart. ●●

Bonsai
Japanische Miniaturbäume und Miniaturlandschaften. Anzucht, Gestaltung und Pflege. (4091) Von B. Lesniewicz, 160 S., 106 Farbfotos, 46 s/w-Fotos, 115 Zeichnungen, gebunden. ●●●●●

Zimmerbäume, Palmen und andere Blattpflanzen
Standort, Pflege, Vermehrung, Schädlinge. (5111) Von G. Schoser, 96 S., 98 Farbfotos, 7 Zeichnungen, Pappband. ●●

Die hier vorgestellten Bücher, Videokassetten und Software sind in folgende Preisgruppen unterteilt:

● Preisgruppe bis DM 10,–/S 79,–
●● Preisgruppe über DM 10,– bis DM 20,– S 80,– bis S 160,–
●●● Preisgruppe über DM 20,– bis DM 30,– S 161,– bis S 240,–
●●●● Preisgruppe über DM 30,– bis DM 50,– S 241,– bis S 400,–
●●●●● Preisgruppe über DM 50,–/S 401,–
*(unverbindliche Preisempfehlung)

Die Preise entsprechen dem Status beim Druck dieses Verzeichnisses (s. Seite 1) – Änderungen, im besonderen der Preise, vorbehalten –

FALKEN

Biologisch zimmergärtnern
Zier- und Nutzpflanzen natürlich pflegen. (4144) Von N. Jorek, 152 S., 15 Farbtafeln, 120 s/w-Fotos, Pappband. ●●

Zimmerpflanzen in Hydrokultur
Leitfaden für problemlose Blumenpflege. (0660) Von H.-A. Rotter, 32 S., 76 Farbfotos, 8 farbige Zeichnungen, Pappband, ●

Kakteen und andere Sukkulenten
300 Arten mit über 500 Farbfotos. (4116) Von G. Andersohn, 316 S., 520 Farbfotos, 193 Zeichnungen, Pappband. ●●●●

Fibel für Kakteenfreunde
(0199) Von H. Herold, 102 S., 23 Farbfotos, 37 s/w-Abb., kart. ●

Kakteen
Herkunft, Anzucht, Pflege, Arten. (5021) Von W. Hoffmann, 64 S., 70 Farbfotos, Pappband. ●●

Faszinierende Formen und Farben
Kakteen
(4211) Von K. und F. Schild, 96 S., 127 Farbfotos, Pappband. ●●●

Falken-Handbuch **Orchideen**
Lebensraum, Kultur, Anzucht und Pflege. (4231) Von G. Schoser, 144 S., 121 Farbfotos, 28 Farbzeichnungen, Pappband. ●●●

Vogelhäuschen, Nistkästen, Vogeltränken
mit Plänen und Anleitungen zum Selbstbau. (0695) Von J. Zech 32 S., 42 Farbfotos, 6 Zeichnungen, Pappband. ●

Falken-Handbuch
Umweltschutz
Das Öko-Testbuch zur Eigeninitiative. (4160) Von M. Häfner, 352 S., 411 Farbf., 152 Farbzeichnungen, Pappband. ●●●●

Pilze
erkennen und benennen. (0380) Von J. Raithelhuber, 136 S., 110 Farbfotos, kart. ●●

Falken-Handbuch **Pilze**
Mit über 250 Farbfotos und Rezepten. (4061) Von M. Knoop, 276 S., 250 Farbfotos, Pappband. ●●●●

Speisepilze aus eingener Zucht
Anbau · Pflege · Zubereitung
(0909) Von U. Groos, 72 S., 8 Farbtafeln, 16 s/w-Zeichnungen, kart. ●

Grizimek Juniors **BUNTE TIERWELT**
(4295) Von Chr. Grizimek, 208 S., 308 Farbfotos, Pappband. ●●●

Falken-Handbuch **Katzen**
(4158) Von B. Gerber, 176 S., 294 Farb- und 88 s/w-Fotos, Pappband. ●●●●

Katzen
Rassen · Haltung · Pflege. (4216) Von B. Eilert-Overbeck, 96 S., 82 Farbfotos, Pappband. ●●●

Das neue Katzenbuch
Rassen – Aufzucht – Pflege. (0427) Von B. Eilert-Overbeck, 136 S., 14 Farbfotos, 26 s/w-Fotos, kart. ●

Katzenkrankheiten
Erkennung und Behandlung. Steuerung des Sexualverhaltens. (0652) Von Dr. med. vet. R. Spangenberg, 176 S., 64 s/w-Fotos, 4 Zeichnungen, kart. ●

Falken-Handbuch **Hunde**
(4118) Von H. Bielfeld, 176 S., 222 Farb- und 73 s/w-Abb., Pappband. ●●●●

Hunde
Rassen · Erziehung · Haltung. (4209) Von H. Bielfeld, 96 S., 101 Farbfotos, Pappband. ●●●

Das neue Hundebuch
Rassen · Aufzucht · Pflege. (0009) Von W. Busack, überarbeitet von Dr. med. vet. A. H. Hacker und H. Bielfeld, 112 S., 8 Farbtafeln, 27 s/w-Fotos, 6 Zeichnungen, kart. ●

Falken-Handbuch
Der Deutsche Schäferhund
(4077) Von U. Förster, 228 S., 160 Abb., Pappband. ●●●

Der Deutsche Schäferhund
Aufzucht, Pflege und Ausbildung. (0073) Von A. Hacker, 104 S., 56 Abb., kart. ●

Dackel, Teckel, Dachshund
Aufzucht · Pflege · Ausbildung. (0508) Von M. Wein-Gysae, 112 S., 4 Farbtafeln, 43 s/w-Fotos, 2 Zeichnungen, kart. ●

Hundeausbildung
Verhalten – Gehorsam – Abrichtung. (0346) Von Prof. Dr. R. Menzel, 96 S., 18 Fotos, kart. ●

Grundausbildung für Gebrauchshunde
Schäferhund, Boxer, Rottweiler, Dobermann, Riesenschnauzer, Airedaleterrier, Hovawart und Bouvier. (0801) Von M. Schmidt und W. Koch, 104 S., 8 Farbtafeln, 51 s/w-Fotos, 5 s/w-Zeichnungen, kart. ●

Hundekrankheiten
Erkennung und Behandlung, Steuerung des Sexualverhaltens. (0570) Von Dr. med. vet. R. Spangenberg, 128 S., 68 s/w-Fotos, 10 Zeichnungen, kart. ●

Falken-Handbuch **Pferde**
(4186) Von H. Werner, 176 S., 196 Farb-und 50 s/w-Fotos, 100 Zeichnungen, Pappband. ●●●●

Wellensittiche
Arten · Haltung · Pflege · Sprechunterricht · Zucht. (5136) Von H. Bielfeld, 64 S., 59 Farbfotos, Pappband. ●●

Papageien und Sittiche
Arten · Pflege · Sprechunterricht.
(0591) Von H. Bielfeld, 112 S., 8 Farbtafeln, kart. ●

Geflügelhaltung als Hobby
(0749) Von M. Baumeister, H. Meyer, 184 S., 8 Farbtafeln, 47 s/w-Fotos, 15 Zeichnungen, kart. ●●

Das Süßwasser-Aquarium
Einrichtung · Pflege · Fische · Pflanzen.
(0153) Von H. J. Mayland, 152 S., 16 Farbtafeln, 43 s/w-Zeichnungen, kart. ●●

Falken-Handbuch
Süßwasser-Aquarium
(4191) Von H. J. Mayland, 288 S., 564 Farbfotos, 75 Zeichnungen, Pappband. ●●●●

DIE TIERSPRECHSTUNDE
Tiere im Wassergarten
(0808) Von Dr. med. vet. E. M. Bartenschlager, 96 S., 84 Farbfotos, 7 Zeichnungen, kart. ●

DIE TIERSPRECHSTUNDE
Sittiche und kleine Papageien
(0864) Von Dr. med. vet. E. M. Bartenschlager, 88 S., 84 Farbfotos, 9 Zeichnungen, kart. ●

DIE TIERSPRECHSTUNDE
Junge Katzen
(0862) Von Dr. med. vet. E. M. Bartenschlager, 72 S., 40 Farbfotos, 4 Farbzeichnungen, kart. ●

DIE TIERSPRECHSTUNDE
Alles über Igel in Natur und Garten
(0810) Von Dr. med. vet. E. M. Bartenschlager, 68 S., 51 Farbfotos, kart. ●

DIE TIERSPRECHSTUNDE
Alles über Meerschweinchen
(0809) Von Dr. med. vet. E. M. Bartenschlager, 72 S., 43 Farbfotos, 11 Farbzeichnungen, kart. ●

DIE TIERSPRECHSTUNDE
Alles über junge Hunde
(0863) Von Dr. med. vet. E. M. Bartenschlager, 64 S., 49 Farbfotos, 6 Zeichnungen, kart. ●

DIE TIERSPRECHSTUNDE
Richtige Hundeernährung
(0811) Von Dr. med. vet. E. M. Bartenschlager, 80 S., 51 Farbfotos, 4 Farbzeichnungen, kart. ●

Dinosaurier
und andere Tiere der Urzeit. (4219) Von G. Alschner, 96 S., 81 Farbzeichnungen, 4 Fotos, Pappband. ●●●

Mensch und Gesundheit

Die Frau als Hausärztin
Der unentbehrliche Ratgeber für die Gesundheit. (4072) Von Dr. med. A. Fischer-Dückelmann, 808 S., 14 Farbtafeln, 146 s/w-Fotos, 203 Zeichnungen, Pappband. ●●●

Dr. Reitners großes Gesundheitslexikon
Mit über 5000 Stichwörtern.
(4282) Von Dr. med. H.-J. Lewitzka-Reitner, in Zusammenarbeit mit P. Janknecht und U. Kannapinn, 504 S., 424 s/w-Abbildungen, Pappband. ●●

Sexualberatung
(0402) Von Dr. M. Röhl, 168 S., 8 Farbtafeln, 17 Zeichnungen, Pappband. ●●

Die Kunst des Stillens
nach neuesten Erkenntnissen
(0701) Von Prof. Dr. med. E. Schmidt, S. Brunn, 112 S., 20 Fotos und Zeichnungen, kart. ●

Wenn Sie ein Kind bekommen
(4003) Von U. Klamroth, Dr. med. H. Oster, 240 S., 86 s/w-Fotos, 30 Zeichnungen, kart. ●●●

Der moderne Ratgeber
Wir werden Eltern
Schwangerschaft · Geburt · Erziehung des Kleinkindes. (4269) Von B. Nees-Delaval, 376 S., 335 zweifarbige Abbildungen, Pappband. ●●●●

Vorbereitung auf die Geburt
Schwangerschaftsgymnastik, Atmung, Rückbildungsgymnastik. (0251) Von S. Buchholz, 112 S., 98 s/w-Fotos, kart. ●

Wie soll es heißen?
(0211) Von D. Köhr, 136 S., kart. ●

Das Babybuch
Pflege · Ernährung · Entwicklung. (0531) Von A. Burkert, 128 S., 16 Farbtafeln, 38 s/w-Fotos, 30 Zeichnungen, kart. ●●

Wenn der Mensch zum Vater wird
Ein heiter-besinnlicher Ratgeber. (4259) Von D. Zimmer, 160 S., 20 Zeichnungen, Pappband. ●●

Wenn Kinder krank werden
Medizinischer Ratgeber für Eltern.
(4240) Von Dr. med. I. J. Chasnoff, B. Nees-Delaval, 232 S., 163 Zeichnungen, Pappband. ●●●

Die hier vorgestellten Bücher, Videokassetten und Software sind in folgende Preisgruppen unterteilt:

● Preisgruppe bis DM 10,–/S 79,–
●● Preisgruppe über DM 10,– bis DM 20,– S 80,– bis S 160,–
●●● Preisgruppe über DM 20,– bis DM 30,– S 161,– bis S 240,–
●●●● Preisgruppe über DM 30,– bis DM 50,– S 241,– bis S 400,–
●●●●● Preisgruppe über DM 50,–/S 401,–
*(unverbindliche Preisempfehlung)

Die Preise entsprechen dem Status beim Druck dieses Verzeichnisses (s. Seite 1) – Änderungen, im besonderen der Preise, vorbehalten –

Psycho-Tests
– Erkennen Sich sich selbst. (0710) Von B. M. Nash, R. B. Monchick, 304 S., 81 Zeichnungen, kart. ●●

FALKEN-SOFTWARE
Ego-Tests
Sich und andere besser erkennen und verstehen. (7012) Diskette für IBM PC kompatible (MS DOS) mit Begleitheft. ●●●●●*

Frauenträume – Männerträume
und ihre Bedeutung. (4198) Von G. Senger, 272 S., mit Traumlexikon, Pappband. ●●●

Wie Sie im Schlaf das Leben meistern
Schöpferisch träumen
Der Klartraum als Lebenshilfe. (4258) Von Prof. D. P. Tholey, K. Utecht. 256 S., 1 s/w-Foto, 20 Zeichnungen, Pappband. ●●●

So deutet man Träume
Die Bildersprache des Unbewußten. (0444) Von G. Haddenbach, 160 S., Pappband. ●

Bildatlas des menschlichen Körpers
(4177) Von G. Pogliani, V. Vannini, 112 S., 402 Farbabb. 28 s/w-Fotos, Pappband. ●●●

Ratgeber Aids
Entstehung, Ansteckung, Krankheitsbilder, Heilungschancen, Schutzmaßnahmen. (0803) Von B. Baartman, Vorwort von Dr. med. H. Jäger, 112 S., 8 Farbtafeln, 4 Grafiken, kart. ●●

Enzyme
Vitalstoffe für die Gesundheit. (0677) Von G. Leibold, 96 S., kart. ●

Heilfasten
(0713) Von G. Leibold, 108 S., kart. ●

Besser leben durch Fasten
(0841) Von G. Leibold, 100 S., kart. ●

Fastenkuren
Wege zur gesunden Lebensführung. Rezepte und Tips für die Nachfastenzeit. Kurzfasten · Saftfastenkuren · Fastenschalttage · Heilfasten. (4248) Von Ha. A. Mehler, H. Keppler, 144 S., 16 s/w-Fotos, 9 Zeichnungen, Pappband. ●●●

Aus dem Schatz der Naturmedizin
Heilkräuterkuren
(4268) Von Dr. med. E. Rauch, Dr. rer. nat. P. Kruletz, 144 S., 49 Zeichnungen, kart. ●●

Rheuma behandeln und lindern
Mit einem Vorwort von Dr. med. Max-Otto-Bruker. (0836) Von G. Leibold, 100 S., kart. ●

Die echte Schroth-Kur
(0797) Von Dr. med. R. Schroth, 88 S., 2 s/w-Fotos, kart. ●

Streß bewältigen durch Entspannung
(0834) Von Dr. med. Chr. Schenk, 88 S., 29 Zeichnungen, kart. ●

Gesundheit und Spannkraft durch Yoga
(0321) Von L. Frank und U. Ebbers, 112 S., 50 s/w-Fotos, kart. ●

Yoga für jeden
(0341) Von K. Zebroff, 156 S., 135 Abb., Spiralbindung, ●●●

Yoga für Schwangere
Der Weg zur sanften Geburt. (0777) Von V. Bolesta-Hahn, 108 S., 76 zweifarbige Abb. kart. ●●

Yoga gegen Haltungsschäden und Rückenschmerzen
(0394) Von A. Raab, 104 S., 215 Abb., kart. ●

Bauch, Taille und Hüfte gezielt formen durch
Aktiv-Yoga
(0709) Von K. Zebroff, 112 S., 102 Farbfotos, kart. ●●

Hypnose und Autosuggestion
Methoden – Heilwirkungen – praktische Beispiele. (0483) Von G. Leibold, 120 S., 9 Illustrationen, kart. ●

Kneippkuren zu Hause
(0779) Von G. Leibold, 112 S., 25 Zeichnungen, kart. ●

Krebsangst und Krebs behandeln
Mit einem Vorwort von Prof. Dr. med. Friedrich Douwes. (0839) Von G. Leibold, 104 S., kart. ●

Allergien behandeln und lindern
Mit einem Vorwort von Prof. Dr. med. Axel Stemmann. (0840) Von G. Leibold, 104 S., 4 Zeichnungen, kart. ●

Besser sehen durch Augentraining
Ein Gesundheitsprogramm zur Verbesserung des Sehvermögens. (0914) Von K. Schutt, B. Rumpler, 96 S., 32 s/w-Zeichnungen, kart. ●

Darmleiden
Krankheitsbilder, Behandlung, Selbstbehandlung, Richtige Lebensführung und Ernährung. (0798) Von Dr. med. K. Steffens, 112 S., 46 Zeichnungen, kart. ●

Massage
(0750) Von B. Rumpler, K. Schutt, 112 S., 116 zweifarbige Zeichnungen, kart. ●●

Fußmassage
Reflexzonentherapie am Fuß (0714) Von G. Leibold, 96 S., 38 Zeichnungen, kart. ●

Rheuma und Gicht
Krankheitsbilder, Behandlung, Therapieverfahren, Selbstbehandlung, Richtige Lebensführung und Ernährung. (0712) Von Dr. J. Höder, J. Bandick, 104 S., kart. ●

Diabetes
Krankheitsbild, Therapie, Kontrollen, Schwangerschaft, Sport, Urlaub, Alltagsprobleme, Neueste Erkenntnisse der Diabetesforschung. (0895) Von Dr. med. H. J. Krönke, 120 S., 4 Farbtafeln, 14 s/w-Fotos, 13 s/w-Zeichnungen, kart. ●

Krampfadern
Ursachen, Vorbeugung, Selbstbehandlung, Therapieverfahren. (0727) Von Dr. med. K. Steffens, 96 S., 38 Abb., kart. ●

Gallenleiden
Krankheitsbilder, Behandlung, Therapieverfahren, Selbstbehandlung, Richtige Lebensführung und Ernährung. (0673) Von Dr. med. K. Steffens, 104 S., 34 Zeichnungen, kart. ●

Asthma
Pseudokrupp, Bronchitis und Lungenemphysem. (0778) Von Prof. Dr. med. W. Schmidt, 120 S., 56 Zeichnungen, kart. ●

Autogenes Training
Anwendung · Heilwirkungen · Methoden. (0541) Von R. Faller, 128 S., 3 Zeichnungen, kart. ●

Die fernöstliche Fingerdrucktherapie Shiatsu
Anleitungen zur Selbsthilfe – Heilwirkungen. (0615) Von G. Leibold, 196 S., 180 Abb., kart. ●●

Eigenbehandlung durch Akupressur
Heilwirkungen – Energielehre – Meridiane. (0417) Von G. Leibold, 152 S., 78 Abb., kart. ●

Chinesische Naturheilverfahren
Selbstbehandlung mit bewährten Methoden der physikalischen Therapie. Atemtherapie · Heilgymnastik · Selbstmassage · Vorbeugen · Behandeln · Entspannen. (4247) Von F. T. Lie, 160 S., 292 zweifarbige Zeichnungen, Pappband. ●●●

Massagetechniken und Heilanzeigen
Reflexzonentherapie
(4404) Von G. Leibold, 128 S., 53 Farbzeichnungen, Pappband. ●●●

Chinesisches Schattenboxen
Tai-Ji-Quan
für geistige und körperliche Harmonie. (0850) Von F. T. Lie, 120 S., 221 s/w-Fotos, 9 s/w-Zeichnungen, Beilage: 1 s/w-Poster mit zahlreichen Abbildungen, kart. ●●

Gesundheit durch altbewährte Kräuterrezepte und Hausmittel aus der
Natur-Apotheke
(4156) Von G. Leibold, 236 S., 8 Farbtafeln, 100 Zeichnungen, kart., ●●

Heiltees und Kräuter für die Gesundheit
(4123) Von G. Leibold, 136 S., 15 Farbtafeln, 16 Zeichnungen, kart. ●●

Falken-Handbuch **Heilkräuter**
Modernes Lexikon der Pflanzen und Anwendungen (4076) Von G. Leibold, 392 S., 183 Farbfotos, 22 Zeichnungen, geb. ●●●●

Kochen für Diabetiker
Gesund und schmackhaft für die ganze Familie. (4132) Von M. Toeller, W. Schumacher, A. C. Groote, 224 S., 109 Farbfotos, 94 Zeichnungen, Pappband. ●●●

Neue Rezepte für Diabetiker-Diät
Vollwertig – abwechslungsreich · kalorienarm. (0418) Von M. Oehlrich, 120 S., 8 Farbtafeln, kart. ●

Diät bei Krankheiten des Magens und Zwölffingerdarms
Rezeptteil von B. Zöllner. (3201) Von Prof. Dr. med. H. Kaess, 96 S., 35 Farbfotos, 1 s/w-Zeichnung, kart. ●●

Diät bei Herzkrankheiten und Bluthochdruck
Salzarme (natriumarme) Kost, Rezeptteil von B. Zöllner. (3202) Von Prof. Dr. med. H. Rottka, 92 S., 4 Farbtafeln, kart. ●●

Diät bei Erkrankungen der Nieren, Harnwege und bei Dialysebehandlung
Rezeptteil von B. Zöllner. (3203) Von Prof. Dr. med. Dr. h. c. H. J. Sarre und Prof. Dr. med. R. Kluthe, 96 S., 33 Farbfotos, 1 s/w-Zeichnung, kart. ●●

Richtige Ernährung wenn man älter wird
Rezeptteil von B. Zöllner. (3204) Von Prof. Dr. med. H.-J. Pusch. 96 S., 36 Farbfotos und 3 s/w-Zeichnungen, kart. ●●

Diät bei Gicht und Harnsäuresteinen
Rezeptteil von B. Zöllner. (3205) Von Prof. Dr. med. N. Zöllner, 80 S., 4 Farbtafeln, kart. ●●

Diät bei Zuckerkrankheit
Rezeptteil von B. Zöllner. (3206) Von Prof. Dr. med. P. Dieterle, 112 S., 42 Farbfotos, 4 vierfarbige Vignetten, 1 s/w-Zeichnung, kart. ●●

Diät bei Krankheiten der Gallenblase, Leber und Bauchspeicheldrüse
Rezeptteil von B. Zöllner. (3207) Von Prof. Dr. med. H. Kasper, 88 S., 4 Farbtafeln, kart. ●●

Diät bei Störungen des Fettstoffwechsels und zur Vorbeugung der Arteriosklerose
Rezeptteil von B. Zöllner. (3208) Von Prof. Dr. med. G. Wolfram und Dr. med. O. Adam, 104 S., 4 Farbtafeln, kart. ●●

Diät bei Übergewicht
Rezeptteil von B. Zöllner. (3209) Von Prof. Dr. med. Ch. Keller, 104 S., 42 Farbfotos, 3 s/w-Zeichnungen, kart. ●●

Die hier vorgestellten Bücher, Videokassetten und Software sind in folgende Preisgruppen unterteilt:

● Preisgruppe bis DM 10,–/S 79,–
●● Preisgruppe über DM 10,– bis DM 20,– S 80,– bis S 160,–
●●● Preisgruppe über DM 20,– bis DM 30,– S 161,– bis S 240,–
●●●● Preisgruppe über DM 30,– bis DM 50,– S 241,– bis S 400,–
●●●●● Preisgruppe über DM 50,–/S 401,–
*(unverbindliche Preisempfehlung)

Die Preise entsprechen dem Status beim Druck dieses Verzeichnisses (s. Seite 1) – Änderungen, im besonderen der Preise, vorbehalten –

FALKEN

Diät bei Darmkrankheiten
Durchfall – Divertikulose, Reizdarm und Darmträgheit – einheimische Sprue (Zöliakie) – Disaccharidasemangel – Dünndarmresektion – Dumping Syndrom. Rezeptteil von B. Zöllner. (3211) Von Prof. Dr. med. G. Strohmeyer, 88 S., 4 Farbtafeln, kart. ●●

Ballaststoffreiche Kost bei Funktionsstörungen des Darms
Rezeptteil von B. Zöllner. (3212) Von Prof. Dr. med. H. Kasper, 96 S., 34 Farbfotos, 1 s/w-Foto, kart. ●●

Rat und Wissen

Der gute Ton
Ein moderner Knigge. (0063) Von I. Wolter, 168 S., 38 Zeichnungen, 53 s/w-Fotos, kart. ●

Haushaltstips von A bis Z
(0759) Von A. Eder, 80 S., 30 Zeichnungen, kart. ●

Familienforschung · Ahnentafel · Wappenkunde
Wege zur eigenen Familienchronik. (0744) Von P. Bahn, 128 S., 8 Farbtafeln, 30 Abbildungen, kart. ●●

Die Kunst der freien Rede
Ein Intensivkurs mit vielen Übungen, Beispielen und Lösungen. (4189) Von G. Hirsch, 232 S., 11 Zeichnungen, Pappband. ●●●

Reden zur Taufe, Kommunion und Konfirmation
(0751) Von G. Georg, 96 S., kart. ●

Der richtige Brief zu jedem Anlaß
Das moderne Handbuch mit 400 Musterbriefen. (4179) Von H. Kirst, 376 S., Pappband. ●●●

Wir heiraten
Ratgeber zur Vorbereitung und Festgestaltung der Verlobung und Hochzeit. (4188) Von C. Poensgen, 216 S., 8 s/w-Fotos, 30 s/w-Zeichnungen, 8 Farbtafeln, Pappband. ●●●

Wir feiern Hochzeit
Festgestaltung – phantasievoll und modern. (0943) Von H. J. Winkler, 120 S., kart. ●

Von der Verlobung zur Goldenen Hochzeit
(0393) Von E. Ruge, 120 S., kart. ●

Reden zur Hochzeit
Musteransprachen für Hochzeitstage. (0654) Von G. Georg, 112 S., kart. ●

Glückwünsche, Toasts und Festreden zur Hochzeit.
(0264) Von I. Wolter, 128 S., 18 Zeichnungen, kart. ●

Hochzeits- und Bierzeitungen
Muster, Tips und Anregungen. (0288) Von H.-J. Winkler, mit vielen Text- und Gestaltungsanregungen, 116 S., 15 Abb., 1 Musterzeitung, kart. ●

Kindergedichte zur Grünen, Silbernen und Goldenen Hochzeit
(0318) Von H.-J. Winkler, 104 S., 20 Abb., kart. ●

Kindergedichte für Familienfeste
(0860) Von B. H. Bull, 96 S., 20 Zeichnungen, kart. ●

Die Silberhochzeit
Vorbereitung · Einladung · Geschenkvorschläge · Dekoration · Festablauf · Menüs · Reden · Glückwünsche. (0542) Von K. F. Merkle, 120 S., 41 Zeichnungen, kart. ●

Großes Buch der Glückwünsche
(0255) Hrsg. von O. Fuhrmann, 176 S., 77 Zeichnungen und viele Gestaltungsvorschläge, kart. ●

Herzliche Glückwünsche!
Die schönsten Gedichte und Texte für viele Gelegenheiten. (0942) Hrsg. von B. H. Bull, 256 S., 50 Zeichnungen, Pappband. ●●

Neue Glückwunschfibel
für Groß und Klein. (0156) Von R. Christian-Hildebrandt, 96 S., kart. ●

Glückwunschverse für Kinder
(0277) Von B. Ulrici, 80 S., kart. ●

Die Redekunst
Rhetorik · Rednererfolg (0076) Von K. Wolter, überarbeitet von Dr. W. Tappe, 80 S., kart. ●

Reden und Ansprachen
für jeden Anlaß. (4009) Hrsg. von F. Sicker, 454 S., gebunden. ●●●●

Reden zum Jubiläum
Musteransprachen für viele Gelegenheiten (0595) Von G. Georg, 112 S., kart. ●

Reden zum Ruhestand
Musteransprachen zum Abschluß des Berufslebens (0790) Von G. Georg, 104 S., kart. ●

Reden und Sprüche zu Grundsteinlegung, Richtfest und Einzug
(0598) Von A. Bruder, G. Georg, 96 S., kart. ●

Reden zu Familienfesten
Musteransprachen für viele Gelegenheiten. (0675) Von G. Georg, 112 S., kart. ●

Reden zum Geburtstag
Musteransprachen für familiäre und offizielle Anlässe. (0773) Von G. Georg, 104 S., kart. ●

Festreden und Vereinsreden
Ansprachen für festliche Gelegenheiten. (0069) Von K. Lehnhoff, E. Ruge, 88 S., kart. ●

Reden im Verein
Musteransprachen für viele Gelegenheiten. (0703) Von G. Georg, 112 S., kart., ●

Programm und Publikum
Der ständige Versuch einer Annäherung. Beiträge und Reden über das öffentlich-rechtliche Fernsehen. (0874) Von A. Schardt, 167 S., kart. ●●

Trinksprüche
Fest- und Damenreden in Reimen. (0791) Von L. Metzner, 88 S., 14 s/w-Zeichnungen, kart. ●

Trinksprüche, Richtsprüche, Gästebuchverse
(0224) Von D. Kellermann, 80 S., kart. ●

Ins Gästebuch geschrieben
(0576) Von K. H. Trabeck, 96 S., 24 Zeichnungen, kart. ●

Poesiealbumverse
Heiteres und Besinnliches. (0578) Von A. Göttling, 112 S., 20 Zeichnungen, Pappband. ●●

Verse fürs Poesiealbum
(0241) Von I. Wolter, 96 S., 20 Abb., kart. ●

Rosen, Tulpen, Nelken ...
Beliebte Verse fürs Poesiealbum
(0431) Von W. Pröve, 96 S., 11 Faksimile-Abb., kart. ●

Der Verseschmied
Kleiner Leitfaden für Hobbydichter. Mit Reimlexikon. (0597) Von T. Parisius, 96 S., 28 Zeichnungen, kart. ●

Moderne Korrespondenz
Handbuch für erfolgreiche Briefe. (4014) Von H. Kirst und W. Manekeller, 544 S., Pappband. ●●●●

Der neue Briefsteller
Musterbriefe für alle Gelegenheiten. (0060) Von I. Wolter-Rosendorf, 112 S., kart. ●

Geschäftliche Briefe
des Privatmanns, Handwerkers, Kaufmanns. (0041) Von A. Römer, 120 S., kart. ●

Behördenkorrespondenz
Musterbriefe – Anträge – Einsprüche. (0412) Von E. Ruge, 120 S., kart. ●

Musterbriefe
für alle Gelegenheiten. (0231) Hrsg. von O. Fuhrmann, 240 S., kart. ●

Privatbriefe
Muster für alle Gelegenheiten. (0114) Von I. Wolter-Rosendorf, 132 S., kart. ●

Briefe zu Geburt und Taufe
Glückwünsche und Danksagungen. (0802) Von H. Beitz, 96 S., 12 Zeichnungen, kart. ●

Briefe zum Geburtstag
Glückwünsche und Danksagungen (0822) Von H. Beitz, 104 S., 22 Zeichnungen, kart. ●

Briefe zur Hochzeit
Glückwünsche und Danksagungen (0852) Von R. Röngen, 96 S., 1 Zeichnung, 39 Vignetten, kart. ●

Briefe der Liebe
Anregungen für gefühlvolle und zärtliche Worte. (0903) Hrsg. von H. Beitz, 96 S., 4 Zeichnungen, kart. ●

Erfolgstips für den Schriftverkehr
Briefwechsel leicht gemacht durch einfachen Stil und klaren Ausdruck (0678) Von U. Schoenwald, 120 S., kart. ●

Worte und Briefe der Anteilnahme
(0464) Von E. Ruge, 128 S., mit vielen Abb., kart. ●

Reden in Trauerfällen
Musteransprachen für Beerdigungen und Trauerfeiern (0736) Von G. Georg, 104 S., kart. ●

In Anerkennung Ihrer...
Lob und Würdigung in Briefen und Reden
(0535) Von H. Friedrich, 136 S., kart. ●

Das große farbige Kinderlexikon
(4195) Von U. Kopp, 320 S., 493 Farbabb., 17 s/w-Fotos, Pappband. ●●●

ZDF · ORF · DRS
Kompaß Jugend-Lexikon
(4096) Von R. Kerler, J. Blum, 336 S., 766 Farbfotos, 39 s/w-Abb., Pappband. ●●●●

Elternsache Grundschule
(0692) Hrsg. von K. Meynersen, 324 S., kart. ●●●

Vom Urkrümel zum Atompilz
Evolution – Ursache und Ausweg aus der Krise. (4181) Von J. Voigt, 188 S., 20 Farb- und 70 s/w-Fotos, 32 Zeichnungen, kart. ●●

Neues Denken – alte Geister
New Age unter der Lupe. (4278) Von G. Myrell, Dr. W. Schmandt, J. Voigt, 176 S., 54 Farbfotos, 3 Zeichnungen, kart. ●●

Die hier vorgestellten Bücher, Videokassetten und Software sind in folgende Preisgruppen unterteilt:

● Preisgruppe bis DM 10,–/S 79,–
●● Preisgruppe über DM 10,– bis DM 20,– S 80,– bis S 160,–
●●● Preisgruppe über DM 20,– bis DM 30,– S 161,– bis S 240,–
●●●● Preisgruppe über DM 30,– bis DM 50,– S 241,– bis S 400,–
●●●●● Preisgruppe über DM 50,–/S 401,–
*(unverbindliche Preisempfehlung)

Die Preise entsprechen dem Status beim Druck dieses Verzeichnisses (s. Seite 1) – Änderungen, im besonderen der Preise, vorbehalten –

Schülerlexikon der Mathematik
Formeln, Übungen und Begriffserklärungen für die Klassen 5–10. (0430) Von R. Müller, 176 S., 96 Zeichnungen, kart. ●

Mathematik verständlich
Zahlenbereiche Mengenlehre, Algebra, Geometrie, Wahrscheinlichkeitsrechnung, Kaufmännisches Rechnen. (4135) Von R. Müller, 652 S., 10 s/w- und 109 Farbfotos, 802 farbige und 79 s/w-Zeichnungen, über 2500 Beispiele und Übungen mit Lösungen, Pappband. ●●●●●

Mathematische Formeln für Schule und Beruf
Mit Beispielen und Erklärungen. (0499) Von R. Müller, 156 S., 210 Zeichnungen, kart. ●

Rechnen aufgefrischt
für Schule und Beruf. (0100) Von H. Rausch, 144 S., kart. ●

Physik verständlich
Förderkurs für die Klassen 7 bis 10 (0926) Von Dr. Th. Neubert, 136 S., 146 s/w-Zeichnungen, 166 Aufgaben, kart. ●●

Mehr Erfolg in Schule und Beruf
Besseres Deutsch
Mit Übungen und Beispielen für Rechtschreibung, Diktate, Zeichensetzung, Aufsätze, Grammatik, Literaturbetrachtung, Stil, Briefe, Fremdwörter, Reden. (4115) Von K. Schreiner, 444 S., 7 s/w-Fotos, 27 Zeichnungen, Pappband. ●●●

Richtiges Deutsch
Rechtschreibung · Zeichensetzung · Grammatik · Stilkunde. (0551) Von K. Schreiner, 128 S., 7 Zeichnungen, kart. ●

Diktate besser schreiben
Übungen zur Rechtschreibung für die Klassen 4–8. (0469) Von K. Schreiner, 152 S., 31 Zeichnungen, kart. ●

Aufsätze besser schreiben
Förderkurs für die Klassen 4–10. (0429) Von K. Schreiner, 144 S., 4 s/w-Fotos, 27 Zeichnungen, kart. ●

Deutsche Grammatik
Ein Lern- und Übungsbuch. (0704) Von K. Schreiner, 112 S., kart. ●

Mehr Erfolg in der Schule
Deutsche Rechtschreibung und Grammatik
Übungen und Beispiele für die Klassen 5–10. (4407) Von K. Schreiner, 256 S., durchgehend zweifarbig, Pappband. ●●●

Mehr Erfolg in der Schule
Der Deutschaufsatz
Übungen und Beispiele für die Klassen 5–10. (4271) Von K. Schreiner, 240 S., 4 s/w-Fotos, 51 Zeichnungen, Pappband. ●●●

Richtige Zeichensetzung
durch neue, vereinfachte Regeln. Erläuterungen der Zweifelsfragen anhand vieler Beispiele. (0774) Von Prof. Dr. Ch. Stetter, 160 S., kart. ●

Richtige Groß- und Kleinschreibung
durch neue, vereinfachte Regeln. Erläuterungen der Zweifelsfragen anhand vieler Beispiele. (0897) Von Prof. Dr. Ch. Stetter, 96 S., kart. ●

Besseres Englisch
Grammatik und Übungen für die Klassen 5 bis 10. (0745) Von E. Henrichs, 144 S., ●●

The Grammar Master
Englische Grammatik üben und beherrschen. (7002) Diskette für den C 64/C 128 (im 64er Modus) ●●●●*

Vokabeltrainer Englisch
Von B. Hoppius. (7001) Wendediskette für C 64/C 128 PC, mit Begleitheft. ●●●●*
(7007) Wendediskette für Atari ST 520/1040, mit Begleitheft. ●●●●●*

Take a Trip to Britain
(7004) Von reLine, Diskette für C 64/C 128 PC, mit Begleitheft. ●●●●*

Schnell und sicher zum Führerschein
Tips und Tricks aus 30jähriger-Fahrschul-Praxis. (0921) Von O. Einert, 152 S., 156 Farbfotos, 161 z. T. farb. Zeichnungen, kart. ●●

Maschinenschreiben für Kinder
(0274) Von H. Kaus, 48 S., farbige Abb., kart. ●

So lernt man leicht und schnell
Maschinenschreiben
Lehrbuch für Schulen, Lehrgänge und Selbstunterricht. (0568) Von M. Kempkes, 112 S., 31 s/w- Fotos, 36 Zeichnungen, kart. ●●

Maschinenschreiben durch Selbstunterricht
(0170) Von A. Fonfara, 84 S., kart. ●

Maschinenschreiben
In 10 Tagen spielend gelernt. Von Unterrichtsmedien Hoppius. (7008) Diskette für den C 64 und C 128 PC ●●●●*
(7009) für IBM PC + kompatible, ●●●●●*
(7010) für Schneider CPC 464, 664, 6128, ●●●●●*

Stenografie leicht gelernt
im Kursus oder Selbstunterricht. (0266) Von H. Kaus, 64 S., kart. ●

Buchführung
leicht gefaßt. Ein Leitfaden für Handwerker und Gewerbetreibende. (0127) Von R. Pohl. 104 S., kart. ●

Buchführung leicht gemacht
Ein methodischer Grundkurs für den Selbstunterricht. (4238) Von D. Machenheimer, R. Kersten, 252 S., Pappband. ●●●

Erfolgreiche Kaufmannspraxis
Wirtschaftliche Grundlagen, Geld, Kreditwesen, Steuern, Betriebsführung, Recht, EDV. (4046) Von W. Göhler, H. Gölz, M. Heibel, Dr. D. Machenheimer, 544 S., gebunden. ●●●●

Familienrecht
Ehe – Scheidung – Unterhalt. (4190) Von T. Drewes, R. Hollender, 368 S., Pappband. ●●●

Scheidung und Unterhalt
nach dem neuen Eherecht. Mit dem Unterhaltsänderungsgesetz 1986. (0403) Von T. Drewes, 112 S., mit Kosten und Unterhaltstabellen, kart. ●

Erziehungsgeld, Mutterschutz, Erziehungsurlaub
Alles über das neue Recht für Eltern. Mit den Gesetzestexten. (0835) Von J. Grönert, 144 S., kart. ●●

Endlich 18 und nun?
Rechte und Pflichten mit der Volljährigkeit. (0646) Von R. Rathgeber, 224 S., 27 Zeichnungen, kart. ●●

Was heißt hier minderjährig?
(0765) Von R. Rathgeber, C. Rummel, 148 S., 50 Fotos, 25 Zeichnungen, kart. ●●

Erbrecht und Testament
Mit Erläuterungen des Erbschaftssteuergesetzes von 1974. (0046) Von Dr. jur. H. Wandrey, 124 S., kart. ●

Testament und Erbschaft
Erbfolge, Rechte und Pflichten der Erben, Erbschafts- und Schenkungssteuer, Mustertestamente. (4139) Von T. Drewes, R. Hollender, 304 S., Pappband. ●●●

Mein letzter Wille
Ratgeber für Erblasser, Erben und Hinterbliebene. (0939) Von T. Drewes, 136 S., 9 s/w-Zeichnungen, kart. ●●

Präzise Ratschläge für
Ihre optimale Rente
Vorbereitung · Berechnungsgrundlagen · Gesetzesänderungen · Individuelle Rechenbeispiele. (0806) Von K. Möcks, 96 S., 24 Formulare, 1 Graphik, kart. ●

Mietrecht
Leitfaden für Mieter und Vermieter. (0479) Von J. Beuthner, 196 S., kart. ●●

Wege zum Börsenerfolg
Aktien · Anleihen · Optionen (4275) Von H. Krause, 252 S., 4 s/w-Fotos, 86 Zeichnungen, Pappband. ●●●

So werde ich erfolgreich
Ratschläge und Tips für Beruf und Privatleben. (0918) Von H. Hans, 104 S., kart. ●●

99 Alternativen für Umsteiger
Mehr Freude am Leben mit dem richtigen Beruf. (4251) Von D. Maxeiner, P. Birkenmeier, 192 S., 143 Fotos, 46 Zeichnungen, kart. ●●●

Lebenslauf und Bewerbung
Beispiele für Inhalt, Form und Aufbau. (0428) Von H. Friedrich, 112 S. kart. ●

Erfolgreiche Bewerbungsbriefe und Bewerbungsformen
(0138) Von W. Manekeller, 88 S., kart. ●

Die erfolgreiche Bewerbung
Bewerbung und Vorstellung. (0173) Von W. Manekeller, 156 S., kart. ●

Die Bewerbung
Der moderne Ratgeber für Bewerbungsbriefe, Lebenslauf und Vorstellungsgespräche. (4138) Von W. Manekeller, 264 S., Pappband. ●●

Erfolgreiche Bewerbung um einen Ausbildungsplatz
(0715) Von H. Friedrich, 136 S., kart. ●

Die ersten Tage am neuen Arbeitsplatz
Ratschläge für den richtigen Umgang mit Kollegen und Vorgesetzten (0855) Von H. Friedrich, 104 S., kart. ●

Zeugnisse im Beruf
richtig schreiben, richtig verstehen. (0544) Von H. Friedrich, 112 S., kart. ●

Vorstellungsgespräche
sicher und erfolgreich führen. (0636) Von H. Friedrich, 144 S., kart. ●

Keine Angst vor Einstellungsstests
Ein Ratgeber für Bewerber. (0793) Von Ch. Titze. 120 S., 67 Zeichnungen, kart. ●

Esoterik

Bauernregeln, Bauernweisheiten, Bauernsprüche
(4243) Von G. Haddenbach, 192 S., 62 Farbabb. 9 s/w-Fotos, 144 s/w-Zeichnungen, Pappband. ●●●

Gesund durch Gedankenenergie
Heilung im gemeinsamen Kraftfeld (6035) VHS, 45 Min., in Farbe ●●●●●*

Die hier vorgestellten Bücher, Videokassetten und Software sind in folgende Preisgruppen unterteilt:

● Preisgruppe bis DM 10,–/S 79,–
●● Preisgruppe über DM 10,– bis DM 20,– S 80,– bis S 160,–
●●● Preisgruppe über DM 20,– bis DM 30,– S 161,– bis S 240,–
●●●● Preisgruppe über DM 30,– bis DM 50,– S 241,– bis S 400,–
●●●●● Preisgruppe über DM 50,–/S 401,–
*(unverbindliche Preisempfehlung)

Die Preise entsprechen dem Status beim Druck dieses Verzeichnisses (s. Seite 1) – Änderungen, im besonderen der Preise, vorbehalten –

Die Magie der Zahlen
So nutzen Sie die Geheimnisse der Numerologie für Ihr persönliches Glück mit dem völlig neuen Planetennumeroskop
(4242) Von B. A. Mertz, 224 S., 36 Abbildungen, Pappband. ●●●

I Ging der Liebe
Das altchinesische Orakel für Partnerschaft und Ehe. (4244) Von G. Damian-Knight, 320 S., 64 s/w-Zeichnungen, Pappband. ●●●

Die neue Lebenshilfe **Biorhythmik**
Höhen und Tiefen der persönlichen Lebenskurven vorausberecnen und danach handeln. (0458) Von W. A. Appel, 157 S., 63 Zeichnungen, Pappband. ●●

Die neue Erkenntnisse zum Biorhythmus
Individuelle Rhythmogramme für Berufserfolg und Gesundheit, Partnerschaft und Freizeit, Beilage: Tagesformplaner.
(4276) Von H. Bott, 144 S., 35 s/w-Zeichnungen, Pappband. ●●●

Falken-Handbuch **Kartenlegen**
Wahrsagen mit Tarot-, Skat-, Lenormand- und Zigeunerblättern.
(4226) Von B. A. Mertz, 288 S., 38 Farb- und 108 s/w-Abb. Pappband. ●●●●

Wahrsagen mit Tarot-Karten
(0482) Von E. J. Nigg, 112 S., 4 Farbtafeln, 52 s/w-Abb., Pappband. ●●

Selbst Wahrsagen mit Karten
Die Zukunft in Liebe, Beruf und Finanzen. (0404) Von R. Koch, 112 S., 252 Abb., Pappband. ●●

Weissagen, Hellsehen, Kartenlegen ...
Wie jeder die geheimen Kräfte ergründen und für sich nutzen kann. (4153) Von G. Haddenbach, 192 S., 40 Zeichnungen, Pappband. ●●

Erkennen Sie Psyche und Charakter durch **Handdeutung**
(4176) Von B. A. Mertz, 252 S., 9 s/w-Fotos, 160 Zeichnungen, Pappband. ●●●●

Falken-Handbuch **Astrologie**
Charakterkunde · Schicksal · Liebe und Beruf · Berechnung und Deutung von Horoskopen · Aszendenttabelle. (4068) Von B. A. Mertz, 342 S., mit 60 erläuternden Grafiken, Pappband. ●●●

Die Familie im Horoskop
Glück und Harmonie gemeinsam erleben – Probleme und Gegensätze verstehen und tolerieren. (4161) Von B. A. Mertz, 296 S., 40 Zeichnungen, kart. ●●●

Aztekenhoroskop
Deutung von Liebe und Schicksal nach dem Aztekenkalender. (0543) Von C.-M. und R. Kerler, 160 S., 20 Zeichnungen, Pappband. ●

Was sagt uns das Horoskop?
Praktische Einführung in die Astrologie. (0655) Von B. A. Mertz, 176 S., 25 Zeichnungen, kart. ●

Das Super-Horoskop
Der neue Weg zur Deutung von Charaker, Liebe und Schicksal nach chinesischer und abendländischer Astrologie. (0465) Von G. Haddenbach, 175 S., kart. ●

Liebeshoroskop für die 12 Sternzeichen
Alles über Chancen, Beziehungen, Erotik, Zärtlichkeit, Leidenschaft. (0587) Von G. Haddenbach, 144 S., 11 Zeichnungen, kart. ●

Die 12 Sternzeichen
Charakter, Liebe und Schicksal. (0385) Von G. Haddenbach, 160 S., Pappband. ●●

Die 12 Tierzeichen im chinesischen Horoskop
(0423) Von G. Haddenbach, 128 S., Pappband. ●

Sternstunden
für Liebe, Glück und Geld, Berufserfolg und Gesundheit. Das ganz persönliche Mitbringsel für Widder (0621), Stier (0622), Zwillinge (0623), Krebs (0624), Löwe (0625), Jungfrau (0626), Waage (0627), Skorpion (0628), Schütze (0629), Steinbock (0630), Wassermann (0631), Fische (0632) Von L. Cancer, 62 S., durchgehend farbig, Zeichnungen, Pappband. ●

Computer-Bücher und Software

Computer Grundwissen
Eine Einführung in Funktion und Einsatzmöglichkeiten. (4302) Von W. Bauer, 176 Seiten, 193 Farb- und 12 s/w-Fotos, 37 Computergrafiken, kart., ●●●
(4301) Pappband, ●●●●

Einführung in die Programmiersprache BASIC. (4303) Von S. Curran und R. Curnow, 192 S., 92 Zeichnungen, kart. ●●

Intelligenz in BASIC
für Schneider CPC 464/664/6128. Mit Diskette 3". (4320) Von K.-H. Koch, 160 S., 14 Zeichnungen, kart. ●●●●●

Lernen mit dem Computer. (4304)
Von S. Curran und R. Curnow, 144 S., 34 Zeichnungen, Spiralbindung, ●●

Garantiert BASIC lernen mit dem C 128
Mit kompletter Kurs-Diskette
(4321) Von A. Görgens, 288 S., 4 s/w-Fotos, 83 Zeichnungen, kart. ●●●●

Grundwissen Informationsverarbeitung
(4314) Von H. Schiro, 312 S., 59 s/w-Fotos, 133 s/w-Zeichnungen, Pappband. ●●●●●

Heimcomputer-Bastelkiste
Messen, Steuern, Regeln mit C 64-, Apple II-, MSX-, TANDY-, MC-, Atari- und Sinclair-Computern. (4309) Von G. A. Karl, 256 S., 160 Zeichnungen, kart. ●●●●

WORDSTAR 2000
Textverarbeitung für Einsteiger und Profis Mit erprobten Anwendungen aus der Praxis. (4317) Von D. Nasser, 200 S., 9 s/w-Fotos, 3 Zeichnungen, kart. ●●●●●

Drucker und Plotter
Text und Grafik für Ihren Computer.
(4315) Von K.-H. Koch, 192 S., 12 Farbtafeln, 5 s/w-Fotos, kart. ●●●●

Computergrafik
Von den Grundlagen bis zum perfekten 3 D-Programm. (4319) Von A. Brück, 296 S., 20 Farbtafeln, 180 s/w-Grafiken, 50 s/w- Zeichnungen, 83 Listings, Pappband. ●●●●●

Textverarbeitung mit Home- und Personal-Computern
Systeme – Vergleiche – Anwendungen.
(4316) Von A. Görgens, 128 S., 49 s/w-Fotos, kart. ●●●●

Die tägliche PC-Praxis
Anwendungshilfen, Programme und Erweiterungen für MS-DOS-Computer
(4322) Von A. Görgens, 224 S., 25 Abbildungen, kart. ●●●●

dBase III
Einführung für Einsteiger und Nachschlagewerk für Profis. (4310) Von J. Brehm, G. A. Karl, 211 S., 23 Abb., kart. ●●●●●

FALKEN PC PRAXIS
Desktop Publishing
Setzen und Drucken auf dem Schreibtisch.
(4323) Von A. Görgens, 120 S., 11 s/w-Fotos, 72 Zeichnungen, kart. ●●●

FALKEN PC PRAXIS
WordStar Praxis professionell
Für die Versionen 3.4/3.45/4.0
Erweiterungen · Praxis-Tips · Datenaustausch · Desktop Publishing. (4324) Von A. Görgens, 172 S., 2 s/w-Fotos, 2 s/w-Zeichnungen, 116 s/w-Grafiken, kart. ●●●●

Die Super-Preisleistung

Die 100 bekanntesten und beliebtesten Volkslieder, mit wunderschönen Farbzeichnungen von Brian Bagnall, durchgehend farbig im Großformat als gebundener Pappband.

Kein schöner Land... Das große Buch unserer beliebtesten Volkslieder. (0001) Hrsg. von Norbert Linke, 208 Seiten, 118 Farbzeichnungen, Pappband.

Erschienen in der F. Bassermann'schen Verlagsbuchhandlung Nachf.

Die hier vorgestellten Bücher, Videokassetten und Software sind in folgende Preisgruppen unterteilt:

● Preisgruppe bis DM 10,–/S 79,–
●● Preisgruppe über DM 10,– bis DM 20,– S 80,– bis S 160,–
●●● Preisgruppe über DM 20,– bis DM 30,– S 161,– bis S 240,–
●●●● Preisgruppe über DM 30,– bis DM 50,– S 241,– bis S 400,–
●●●●● Preisgruppe über DM 50,–/S 401,–
*(unverbindliche Preisempfehlung)

Die Preise entsprechen dem Status beim Druck dieses Verzeichnisses (s. Seite 1) – Änderungen, im besonderen der Preise, vorbehalten –

BIBLIOTHECA ÆSTHETICA

Carmina Burana

Ein bibliophiles Dokument von einzigartiger kulturgeschichtlicher Bedeutung.

(4292) Von Ingrid Schade, 128 Seiten, Faksimile-Druck, Leinen-Einband mit Prägung, im Schuber, mit 24seitiger Beilage, numerierte und handsignierte Auflage von 999 Exemplaren,
DM 498,– S 3980.–

Bestellschein

Erfüllungsort und Gerichtsstand für Vollkaufleute ist der jeweilige Sitz der Lieferfirma. Für alle übrigen Kunden gilt dieser Gerichtsstand für das Mahnverfahren. Falls durch besondere Umstände Preisänderungen notwendig werden, erfolgt Auftragserledigung zu dem bei der Lieferung gültigen Preis.
Ich bestelle hiermit aus dem Falken-Verlag GmbH, Postfach 11 20, D-6272 Niedernhausen/Ts., durch die Buchhandlung:

Ex. __________

Ex. __________

Ex. __________

Ex. __________

Name: __________

Straße: __________ Ort: __________

Datum: __________ Unterschrift: __________

FALKEN

 Für die Schweiz: sFr.-Preise gemäß Preisauszeichnung in der Buchhandlung